大東文化大學東洋研究所編

藝文類聚（巻五十一）訓讀付索引

共著　芦川敏彦・藏中しのぶ・小塚由博・小林敏男・髙橋睦美・
田中良明・中林史朗・成田　守・浜口俊裕・宮瀧交二

目次

『藝文類聚』（巻五十一）本文の構成について

一、収録書とその時代區分

『藝文類聚』巻五十一は次の門目と項目を収める。

封爵部　總載封爵　親戚封　功臣封　遜讓封　外戚封　婦人封　尊賢繼絕封

これを通覽すると、二十八書（經部八書、史部十二書、子部八書）が収録されている。これらの収録書を引用頻度別に分類列擧すると以下の如くである。尙、書名の頭に※印のあるものは成立年代不明のもの、書名の右側に一重線を付してあるものは佚書、二重線を付してあるものは書名に缺誤が有ると考えられるものである。また、書名の下の括弧内の數字は引用頻度數を表し、括弧が無いものは一度限りの引用であることを示す。なお、四部への分類は基本的に隋書經籍志等の目錄に依據したが、目錄類に見えぬものについては、書名やその內容から類推せざるを得なかった。

經、八書（三十回）

※周官（14）（周官禮12を含む）　※左氏傳（6）　※周書（3）　毛詩（2）　白虎通（2）　※周易　禮記　※孝經援神契

史、十二書（六十九回）

漢書（18）　東觀漢記（17）　史記（11）　魏志（10）　環濟要略（4）　百官表注（2）　晉中興書（2）　漢官解詁　※漢雜事　陳留風俗傳　晉陽秋　晉起居注

子、八書（十一回）

孟子（2）　商君書（2）　※相書（2）　管子　韓子　呂氏春秋　鹽鐵論　袁子

以上である。尙、周官には周官禮十二件を含み、周書には同書の一篇である謚法（總載42）一件を含む。また、集部と不明書の収錄は無い。

巻五十一の収錄書の總數は二十八書、延べ収錄數は一百十回となる。一書當たりの平均収錄數は三・九回であるが、収錄頻度が四回以上のものは七書であり、經部と史部に屬す。その內史部の五書からの収錄數六十回は、巻五十一の延べ収錄數一百十回の五十五％弱に當たり、史部全體からの収錄數六十九回は、六十三％弱に當たる。これは前巻五十の延べ収錄數は八十一回に對する史部の十八書からの収錄數七十二回が八十九％弱に當たったことと比較すれば大分比率が下がっており、巻五十一の經部の八書からの収錄數三十回が延べ収錄數の二十七%に當たり、前巻五十の經部書からの收錄數が一回であったことに對して大分增加した事が影響している。巻五十に收錄された地方官の由來・典據を經書に求め難かった事に對して、本巻の主題である封爵は、周の五等爵に由來・典據を置くものであるため、經部書からの收錄數が增加しているのだと考えられよう。

又、巻四十五から五十までの職官部では、漢代の事績を對象とした記述が目立っており、史部の內に限って見ても、巻四十六では七十七%、巻四十七では五十三%、巻四十八では三十八%、巻四十九では六十六%、巻五十では六十八%となっており、特に巻四十六・四十九・五十とでは、巻全體の延べ收錄數に對しても六十%前後の頻度となっていた。一方で封爵部となった巻五十一の漢代の事績を對象とした記述は、史部十二書からの收錄數六十九回の內、三十五回、五十%となっており、これは巻五十一全體の延べ收錄數一百十回に對しては三十二%弱の頻度であり、職官部と比較すれば半減しているが、なおも相應の割合を占めている。尚、史記から收錄の大部分が周代の事績である事を付言しておく。

次に收錄書を時代別に整理すると表1の如くである。

表1

時代		收錄書數	延べ收錄書數
周		3	5
秦		2	2
前漢		3	13
後漢		5	39
三國	魏	0	0
	吳	0	0
	蜀	0	0
晉		5	18
南北朝	宋	2	3
	齊	0	0
	梁	0	0
	陳	0	0
年代不明		8	30
合計		28	110

總數は、後漢と晉がともに五書と最も多く、延べ收錄書數の三十六%弱を占めるが、延べ收錄書數は晉の十八回に對して後漢が三十九回と、倍の差が有る。特に漢書の十八回と東觀漢記の十七回とは、それぞれ後漢の書の延べ收錄書數の半分弱を占めており、史部全體を見ても、最も延べ收錄回數が多い。ここにも上述した漢代の事績に對する偏重を見ることができよう。

二、収録詩文について

巻五十一に収録されている詩文類の時代別數は表2の通りである。比較のため、巻五十に於ける詩文類の時代別數も竝記する。

表2

時代		収録篇數 巻51	収録篇數 巻50
前漢		3	0
後漢		3	3
三國	魏	12	1
	吳	1	0
	蜀	0	0
晉		3	10
南朝	宋	5	4
	齊	4	1
	梁	18	40
	陳	2	4
北朝	後魏	0	0
	北齊	0	1
	北周	1	2
時代不明		0	0
計		52	66

總數は五十二篇であり、巻四十五から五十までの職官部全體と比しても些か少なくなっている。各時代別に見ると、梁の十八篇が最も多く、全體の三十五%弱に當たるが、次いで魏の十二篇も二十三%と比較的高い頻度を占めている。但し、後漢末の曹操の六篇が魏の武帝の作として魏の十二篇の內の半數を占めていることが、魏の詩文の収録篇數を倍にしているため、やはり巻五十一にも、他巻同樣に梁の詩文の収録數が際立つ傾向が見られる。

表3

	収録篇數 巻51	巻51項目 總載封爵	親戚封	功臣封	遜讓封	外戚封	婦人封	尊賢繼絶封
詔	11	1	6	4	0	0	0	0
策	3	0	3	0	0	0	0	0
章	3	0	3	0	0	0	0	0
表	26	0	6	3	7	1	4	5
奏	3	0	2	0	0	0	1	0
書	4	0	0	0	4	0	0	0
論	2	2	0	0	0	0	0	0
計	52	3	20	7	11	1	5	5

巻五十一の収錄詩文の分類と、各項目に於ける収錄詩文類の篇數は、表3の通りである。巻四十五から五十までの職官部には頻出していた碑や墓誌は皆無である。尚、策三篇は全て前漢の武帝が子を王に立てる冊封の文であり、史記の列傳から収錄されていると考えられる。又、書四篇はすべて曹操の上書であり、書信ではない。

以下に巻五十一の収錄詩文、五十二篇を擧げる。なお、各詩文の末の括弧内には、収錄された項目と本書「訓讀と校異」に於ける注番號を記す。

【詔】（11）

後漢　獻帝　詔（功臣24）詔（功臣25）

魏　文帝　冊孫權太子登爲東中郎封侯文（功臣26）

明帝　詔（親戚7）

梁　任昉　初封諸功臣詔（總載44）武帝追封永陽王詔（親戚8）追封丞相長沙王詔（親戚9）追封衡陽王桂陽王詔（親戚10）封臨川安興建安等五王詔（親戚11）

陳　徐陵　始興王詔（親戚12）進武帝爲長城公詔（功臣27）

【策】（3）

前漢　武帝　使御史大夫策諸子立閎爲齊王（親戚13）立子旦爲燕王（親戚14）立子胥爲廣陵王（親戚15）

※全て史記の列傳からの収錄と考えられ、策文の題は記されていない。

【章】（3）

魏　曹植　改封陳王謝恩章（親戚16）封二子爲公謝恩章（親戚17）

齊　謝朓　爲宣城公拜章（親戚18）

【表】（26）

魏　武帝　謝襲費亭侯表（尊賢13）郭嘉有功臣死宜追贈封表（尊賢14）

曹植　謝初封安鄉侯表（親戚19）謝妻改封表（婦人3）

吳　胡綜　請立諸王表（親戚22）

晉　孫毓　賀封諸侯王表（親戚23）

庾亮　讓封公表（外戚13）

宋　謝靈運　謝封康樂侯表（功臣28）

顏延之　謝子竣封建城侯表（功臣29）

齊　謝朓　封甄城王表（親戚20）轉封東阿王謝表（親戚21）爲齊明帝讓封宣城公表（遜讓13）

梁　簡文帝　爲子心讓當陽公表（遜讓14）帝爲子大款讓石城公表（遜讓15）爲長子大器讓宣城王表（遜讓16）

任昉　爲蕭侍中拜襲封表（親戚24）爲齊明帝讓宣城郡公表（遜讓18）爲褚蓁代兄襲封表（尊賢15・16）

沈約　謝封建昌侯表（功臣30）爲柳世隆讓封公表（遜讓19）
謝母封建昌國太夫人表（婦人4）爲長城公主謝表（婦人5）

江淹　爲齊高帝讓進爵爲王表（遜讓17）

王僧孺　爲南平王妃拜改封表（婦人6）

周　庾信　功臣不死王事請門襲封表（尊賢17）

※齊の謝朓の（親戚20）（親戚21）はその内容と収録の順序から、魏の曹植の作と考えられる。

【奏】（3）

宋　傅亮　尙書八座封諸皇弟皇子奏（親戚25）

謝莊　爲尙書八座封皇子郡王奏（親戚26）爲尙書八座改封郡長公主奏（親戚27）

【書】（4）

魏　武帝　上書讓增封（遜讓20）上書讓封（遜讓21）上書讓費亭侯（遜讓22）上書讓增封武平侯及費亭侯（遜讓23）

【論】（2）

魏　王粲　爵論（總載45）

晉　陸機　五等論（總載46）

作者別に見ると、複数の詩文が収録されているのは、任昉が九篇と最も多く、次いで魏の武帝と曹植共に六篇（曹植は謝朓と冠された二篇を含む）である。

『藝文類聚』（巻五十一）訓讀と校異

凡例

一　本書のテキストは、光緒五年華陽宏達堂刊本を底本とし、關聯する諸書に據って本文を校勘して使用した。

一　校異は次の諸本に據って校比した。經子集は四部叢刊本、史書は百衲本二十四史、詩賦類は校異の對象にすべきものが少ないため、四部叢刊本の集部にあるもの以外は、其の對象としないことにした。但し、現行の唐修『晉書』『梁書』『陳書』『北齊書』『周書』など、百衲本二十四史に收められていても、その編纂が『藝文類聚』に後れることが明白なものや、『尙書大傳』など、四部叢刊本に收められていても、後代類書より採取したことが明白なものは、校異の對象からはずすことにした。

一　佚書、逸文等の典據を知る上で、參考に供すべきものとして、『玉函山房輯佚書』『黄氏逸書考』『漢魏遺書鈔』を用い、詩賦歌贊等は『先秦漢魏晉南北朝詩』『全上古三代秦漢三國六朝文』を用いたが、その校異は省略し、書名と篇名のみを記し、參考に供することにした。

一　注にあげた書名のうち、通稱で使われているものは、その略稱名の方を用いた。

（例）春秋經傳集解⇩左傳　老子道德經⇩老子　南華眞經⇩莊子　冲虛至德眞經⇩列子　說文解字⇩說文　黄帝內經素問⇩黄帝素問　白虎通德論⇩白虎通、等。

一　『藝文類聚』本文で用いられる書名の內、異稱・略稱であることが明白なものは、現在通用する書名を注にあげた。

（例）禮⇩禮記　離騷⇩楚辭　魏志・蜀志・吳志⇩三國志

一　參考に供する書名のうち、次のものは便宜上、簡略化した略稱名を使うことにした。

（例）玉函山房輯佚書、經編緯書類⇩玉函山房（經編緯書類）を參看
黄氏逸書考、漢學堂經解⇩逸書考（漢學堂經解）を參看
漢魏遺書鈔、易經翼⇩遺書鈔（易經翼）を參看
先秦漢魏晉南北朝詩、晉詩卷一⇩先秦南北朝詩（晉詩卷一）を參看
全上古三代秦漢三國六朝文、晉卞壺賀老人星表⇩全晉文卷八十三を參看

右以外のものは、收藏される代表的な叢書名を示した。

（例）經典集林に收む、五朝小說大觀に收む、等。

一　本書は各項目ごとに、まず原文を置き、次にその訓讀文を書き、最後にその現行本の所在を示す《注》を置くことにした。

一　原文には索引との關係上、原文の上に行數を示す數字を付け、校

異すべき文字には＊印を付けて、その下欄には一括して、その行の校異するものをまとめて書くことにした。

（例）

2釋名曰、月、闕＊也＊、滿則缺也、晦、灰也、月＊死爲灰、月光盡似之也。	②「闕」を「缺」に作る。「也」の下に一千八字有り。「月」を「火」に作る。
3太玄曰、有＊九天、一爲中天、二爲羨天、三爲從天、……	③「有」の字無し。

一　異體字や別體字などは校異の對象から除く。

一　校異の場合、省略が二十字以下のものは、そのまま原文のそれを記載しておいたが、二十一字以上に亙る長文のものは、『「也」の下に一千八字に及ぶ文有り』と書いて省くことにした。

一　訓讀の書名・詩賦のところには數字の符號（1）（2）を付け、その現行本の所在を《注》のところに書いておいた。

（例）周易（1）に曰く、大なるかな乾元《けんげん》、萬元、萬物資り始む。……

春秋元命包（11）に曰く、天は西北に足らず、陽は九に極まる。……

《注》（1）周易巻一、乾の彖傳。

《注》（11）玉函山房（經編緯書類）を參看。

一　書名・詩賦名に異同のあるものは《注》のところでその校異を附しておいた。

一　訓讀文のうち、平易なものは原則として讀みがなは付けず、難字や特殊な訓よみの文字にだけ讀みがなを付けることにした。

一　漢字の讀みがなは、音よみ、訓よみともに現代表記によって付けることにした。

一　訓讀は努めて原文の字に據って讀み下したが、訓讀不能のものや、誤字・脱字によるもので、特に必要と思うものには〔〕を付け、補って讀み下しておいた。

（例）「天の表裏に水あり。〔天〕地は各〻に乘じて立ち、水を載せて浮ぶ。」

一　誤字と認められるもので、意味の通じないものには、（）を付けて讀み下しておいた。

（例）「圖（圜《えん》）則《そく》は九重なりと。孰《たれ》か之を營度せる」

一　底本の雙行注は〔〕を付けて示した。

藝文類聚卷第五十一

封爵部　總載封爵　親戚封　功臣封　遜讓封　外戚封　婦人封　尊賢繼絶封

總載封爵

周官曰王畿其外方五百里曰侯服又其外方五百里曰甸服又其外方五百里曰男服又其外方五百里曰采服又其外方五百里曰衞服又其外方五百里曰蠻服又其外方五百里曰夷服又其外方五百里曰鎭服又其外方五百里曰蕃*服　呂氏春秋曰太公望封於齊周公旦封於魯二君者甚相善也相謂曰何以治國太公望曰尊賢上功周公*曰親親上恩太公*曰魯自此削矣周公*曰魯雖削有齊者亦必非呂氏也其後齊日以大至於霸二十四世而田氏*有齊國魯日*以削至於僅*四*十四世*亡　史記曰殷以前尚矣周封五等公侯伯子男然封伯禽康叔於魯衞地各四百*親親之義褒有德也太公*兼五侯地尊勤勞也武王成康所封數百而同姓五十*地上不過百里下三十*以輔衞王室　又曰騶忌*見威王*王說*之*三月而受相印淳于髡見之曰善說既*有愚志願陳諸前*髡說畢趨出至門而面其僕曰是人者吾語之微言五其應我若響之應聲是*必封不久矣　漢書曰李廣與望氣王朔語曰*漢擊*匈奴廣未嘗不在其中而諸侯*校尉已下材能不及中人*以軍功取侯者數十人廣不爲後人然終無尺寸功以得封邑者何也豈吾相不當侯耶*朔曰將軍自念豈嘗有所*恨者乎廣曰吾爲隴西太*守羌嘗反吾誘降*八百餘

《校異》

⑦「蕃」を「藩」に作る。

⑧「公」の下に「旦」の字有り。「公」の下に「旦」の字有り。「公」の下に「旦」の字有り。

⑨「氏」を「成子」の二字に作る。「日」を「公」に作る。「僅」を「覲存」の二字に作る。「四」を「三」に作る。「世」の下に「而」の字有り。

⑩「百」の下に「里」の字有り。「公」の下に「於齊」の二字有り。

⑪「十」の下に「五」の字有り。「十」の下に「里」の字有り。「忌」の下に「子以鼓琴」の四字有り。「王」の下に「威」の字有り。

⑫「說」の下に「而舍」の二字有り。「之」の下に二百六十五字有り。「既」を「哉髡」の二字に作る。「前」の下に百七十四字有り。

⑬「是」の下に「人」の字有り。「曰」の下に「自」の字有り。「擊」を「征」に作る。

⑭「侯」を「妄」に作る。「人」の字無し。

⑮「耶」を「邪」に作る。「所」の字無し。「太」の字無し。「降」の下に「者」の字有り。

二頁

人詐而同日殺之至今恨獨此爾*朔曰禍莫大*殺已降此乃*將軍所以不得侯*也　漢雜事曰天子太社以五色爲壇封諸侯者取其土苴以白茅授之各以所封方之色以立社於其國故謂之受茅土漢興唯皇子封爲王者得茅土其他臣以戶賦租入爲節不受茅土不立社　東觀漢記曰上封功臣皆爲列侯大國四縣餘各有差博士丁恭等議古帝王封諸侯不過百里故利以建侯取法於雷上曰古之亡國皆以無道未嘗封功臣地多而滅者也乃遣謁者卽授印綬　又曰馮勤使典諸侯封事勤差量功次輕重國土遠近地勢豐薄不相踰越莫不厭服焉自是封爵之制非勤不定　白虎通曰受命之王*致太平之*美羣臣上下之功故盡封之及中興征伐大功皆封*盛德之士亦封之*以德封者必試之爲*附庸三年有功因而封之*五十里元士有功者亦爲附庸也*其位大夫有功成封五十里卿*成封七十里公*成封百里

又曰王者卽位先封賢者憂民*之急也故列土分*疆非爲諸侯張官設府非爲卿大夫皆爲民也　鹽鐵論曰昔太公封*營丘之*墟*辟草萊而居焉地薄人少於是通利末之道極女工之功*是以鄰國交於齊財畜貨殖世爲彊國管仲相桓公襲先君*業*輕重之變南服彊楚而霸諸侯　袁子曰今有卿相之才居三公之位修其治政以寧國家未必封侯也今軍政之法斬一牙門將者封侯夫斬一將之功孰與安寧天下者乎夫斬一將之功者封侯失封賞之意也　相書曰天中容半印封侯　又曰天中正臽如刀者封侯　周易曰我有好爵吾與爾靡之　左傳曰齊莊公*爲勇爵殖倬*郭最欲與焉州綽曰東閭之役臣左驂迫還於門中識其枚數其可以與*乎公曰子爲晉君也對曰臣爲隸新　管子曰爵不尊祿不重者

《校異》

①「爾」を「耳」に作る。「大」の下に「於」の字有り。「乃」を「廼」に作る。「侯」の下に「者」の字有り。

⑥「王」を「五」に作る。「之」の下に「主」の字有り。

⑦「封」の下に「所以著大功」の五字有り。「之」の下に「所以尊有德也」の六字有り。「爲」を「必」に作る。

⑧「之」の字無し。「也」を「世」に作る。「卿」の下に「功」の字有り。「公」の下に「功」の字有り。「民」を「人」に作る。

⑨「分」を「爲」に作る。

⑩「封」の下に「於」の字有り。「之墟」の二字無し。「功」を「巧」に作る。

⑪「君」の下に「之」の字有り。「業」の下に「行」の字有り。

⑭「公」の下に三十八字有り。「倬」を「綽」に作る。「與」の下に「於此」の二字有り。

不與圖難犯危以其道爲未可以求之也是故先王制軒冕足*以著貴賤不求其美設爵祿足以守其服不求其親*使君子食於道小人食於力　孟子曰有天爵*有人爵*仁義忠信樂善不倦此天爵也公卿大夫此人爵也古之人脩其天爵而人爵從之*脩其天爵以要人爵既得人爵而棄其天爵則惑之甚者也

　商君書曰明主*之所貴唯爵爵*賞*不*榮其*民不急列爵*不顯則民不事*爵易得*則民不貴*祿賞不道*則民不以死爭位也*　又曰凡人主之所以勸民者官爵也國之所以興者農戰也今民求官爵皆不*農戰而以功*言虛道此謂*勞民者*其國必削　周官禮曰諸公之地封疆方五百里其食者半　又曰公執*桓圭　又曰諸侯之地封疆方四百里其食者三*之一　又曰諸*侯諸*伯七命其國家宮室車旗衣服禮儀皆以七爲節　又曰侯用*信圭　又曰諸伯之地封疆方三百里其食者四*之一　又曰伯用*躬圭　又曰諸子之地封疆方二百里其食者四之一　又曰子男五命其國家宮室車旌*衣服禮儀皆以五爲節

　又曰子執穀*璧　又曰諸男之地封疆方百里其食者四之一　又曰男執蒲*璧　百官表注曰五等諸公周官金章朱綬朱質四采玄文織百四十首廣尺四寸長一丈六尺朝服進賢三梁冠官品第二地方七十五里位視三公班次邑三千八百戸國秩絹千八百匹妾六人車前司馬十四人旅賁五十人又曰縣侯漢官也自縣侯而下通號列侯金章紫綬朝服進賢三梁冠官品第三光武中興論功封大功臣吳漢鄧禹各四縣賈復朱浮三縣耿弇等二十九人又縣侯有家丞庶子之官列侯皆亦如之　漢官解詁曰列侯金印紫綬以賞其有功功大者食縣邑小者食鄉亭得臣其所食吏民本爲徹侯避武帝諱

《校異》

①「足」を「所」に作る。

②「親」を「觀也」の二字に作る。「爵」の下に「者」の字有り。「爵」の下に「者」の字有り。

③「之」の下に「今之人」の三字有り。

④「主」を「王」に作る。「爵賞」を「其實」に作る。「不」の上に三字の闕字有り。「其」を「則」に作る。「爵」を「位」に作る。「事」の下に「爵」の字有り。「得」の下に「也」の字有り。「貴」の下に「上爵列爵」の四字有り。「道」の下に「其門」の二字有り。

⑤「也」を「矣」に作る。「不」の下に「以」の字有り。

⑥「功」を「巧」に作る。「謂」の下に「勞民」の二字有り。「者」の下に「其國必無力無力者」の八字有り。小行人は「執」を「用」に作る。

⑦「三」を「參」に作る。「諸」の字無し。「諸」の字無し。

⑧大宗伯・典瑞は「用」を「執」に作る。「四」を「參」に作る。大宗伯・典瑞は「用」を「執」に作る。

⑨「旌」を「旗」に作る。

⑩小行人は「執」を「用」に作る。小行人は「執」を「用」に作る。

曰通侯舊時文書或爵通侯是也後更曰列侯今俗人或都言諸侯乃王爾非此也列侯歸國不受茅土不立宮室各隨貧富　環濟要略曰爵有五等公者無人也故文比厶爲公　又曰伯把也持政事也又曰子猶孳孳恤下之稱也　又曰男任也任治事受王命爲君也　周書曰能移*於衆與百姓同謂之公　又曰能樹名生*物與*天道俱謂之侯　諡法曰執應八方曰侯　孝經援神契曰侯候也所以守蕃也【詔】梁任昉初封諸功臣詔曰草昧權輿事深締構康俗成務義在庇民自非羣才竝軌文武宣翼將何以啓茲景祚弘此帝圖或運籌帷帳經啓王業或攻城略野殉義忘生或股心爪牙折衝禦侮忠勤茂德夷險一致竝宜建國開宇蕃屛王室山河之誓永永無窮【論】後魏王粲爵論曰依律有奪爵之法此謂古者爵行之時民賜爵則喜奪爵則懼故可以奪賜而法也今爵事廢矣民不知爵者何也奪之民亦不懼賜之民亦不喜是空設文書而無用也今誠循爵則上下不失實而功勞者勸得古之道合漢之法以貨財爲賞者不可供以復除爲賞者租稅損減以爵爲賞者民勸而費省者故古人重爵也　晉陸機五等論曰五等之制始於黄唐郡縣之治創自秦漢得失成敗備在典謨是以其詳可得而言夫先王知帝業至重天下至廣*廣*不可以偏制重不可以獨任任重必於借力制廣*終乎因人*於是乎立其封疆*之典財其親疎之宜使萬國相維以成盤石之固宗庶雜居而*定維城之業*知其爲人不如厚己利物不如圖身安上在於*悅下爲己在乎利人*是以分天下以厚樂而己得與之同憂饗天下以豐利而我得與之共害*故諸侯享*食士之實萬國受世及之祚*夫然則南面之君各務其治*世治足以敦風道衰足以

《校異》

③「移」の下に「善」の字有り。

④「生」を「與」に作る。「與」の字無し。

⑫文集・文選共に「廣廣」を「曠曠」に作る。共に「廣」を「曠」に作る。「人」の下に共に二十一字有り。

⑬文集は「疆」を「彊」に作る。文集は「而」を「以」に作る。「業」の下に共に「又有以見綏世之長御識人情之大方」の十五字有り。

⑭文選は「於」を「乎」に作る。「人」の下に文集は二十九字、文選は二十七字有り。

⑮「害」の下に共に「利博則恩篤樂遠則憂深」の十字有り。文選は「享」を「饗」に作る。「祚」の下に共に「矣」の字有り。「治」の下に共に二十四字有り。

禦*暴故彊*毅之國不能擅一時之勢雄俊之民*無所寄霸王之志*降及亡秦棄道任術懲周之失自矜其得尋斧始於所庇制國昧於弱下國慶獨饗其利主憂莫與共*害雖速亡趣亂不必一道顛沛之釁實由孤立是蓋思五等之小怨忘經*國之大德知陵夷之可患闇土崩之爲痛*漢矯秦枉大啓侯王境土逾*溢不遵舊典*是以諸侯阻其國家之富憑其士民之力勢足者反疾土狹者逆遲六臣犯其弱綱七子衝其漏網皇祖夷於黥徒西京疾*於東帝是蓋過正之災而非建侯之累也

《校異》

①共に「禦」を「御」に作る。「彊」を文集は「強」に作り、文選は「彊」に作る。共に「民」を「士」に作る。「志」の下に文集は二百八十四字有り、文選は二百八十五字有り。

②文集は「共」を「其」に作る。

③文集は「經」を「萬」に作る。「痛」の下に共に八十九字有り。共に「逾」を「踰」に作る。

④「典」の下に共に「故賈生憂其危鼂錯痛其亂」の十一字有り。

⑤共に「疾」を「病」に作る。

藝文類聚巻第五十一

封爵部　總載封爵　親戚封　功臣封　遜讓封　外戚封　婦人封　尊賢繼絶封

總載封爵

周官(1)に曰く、王畿、其の外方五百里を、侯服と曰ひ、又其の外方五百里を、甸服と曰ひ、又其の外方五百里を、男服と曰ひ、又其の外方五百里を、采服と曰ひ、又其の外方五百里を、衞服と曰ひ、又其の外方五百里を、蠻服と曰ひ、又其の外方五百里を、夷服と曰ひ、又其の外方五百里を、鎭服と曰ひ、又其の外方五百里を、蕃服と曰ふ。　呂氏春秋(2)に曰く、太公望 齊に封ぜられ、周公旦 魯に封ぜらる。二君は甚だ相善きなり。相謂ひて曰く、『何を以て國を治む』と。太公望曰く、『賢を尊び功を上《とうと》ぶ』と。周公曰く、『親を親とし恩を上ぶ』と。太公曰く、『魯は此れより削られん』と。周公曰く、『魯は削らると雖も、齊を有《たも》つ者は亦た必ずや呂氏に非ざらん』と。其の後齊は日〻以て大、霸に至る。二十四世にして田氏 齊國を有つ。魯は日〻以て削られ、僅《きん》に至る。四十四世にして亡べり。　史記(3)に曰く、殷以前は尙《ひさ》し。周の封は五等、公・侯・伯・子・男なり。然れども伯禽・康叔を魯・衞に封じ、地各〻四百なるは、親親の義にして、有德を襃むればなり。太公五侯の地を兼ぬるは、勤勞を尊べばなり。武王・成・康、封ずる所は數百、而して同姓は五十、地 上は百里を過ぎず、下は三十、以て王室を輔衞す。　又曰く、騶忌《すうき》(4) 威王に見え、王 之を說《よろこ》ぶ、三月にして相の印を受く。淳于髡《じゅんうこん》之に見えて曰く、『善く說けるかな。旣に愚志有り、願はくは諸《これ》を前に陳べん』と。髡說き畢《おわ》り、趨り出づ。門に至りて其の僕に面して曰く、『是の人は、吾之に微言五を語るに、其の我に應ずること、響の聲に應ずるが若きなり。是れ必ず封ぜらるること久しからず』と。　漢書(5)に曰く、李廣 望氣の王朔と語りて曰く、『漢は匈奴を擊つに、廣未だ嘗て其の中に在らずんばあらず。而して諸侯は校尉已下、材能は中人に及ばざるに、軍功を以て侯を取る者數十人。廣 人に後《おく》るるを爲さず、然れども終に尺寸の功以て封邑を得る無きは、何ぞや。豈に吾相侯《あいこう》に當たらざるか』と。朔曰く、『將軍自ら念へ、豈に嘗て恨む所の者有るか』と。廣曰く、『吾 隴西太守と爲り、羌嘗て反き、吾 八百餘[二頁]人を誘降するも、詐《いつわ》りて同日に之を殺す。今に至るまで恨まるること獨だ此れのみ』と。朔曰く、『禍は已に降るを殺すより大なるは莫し、此れ乃ち將軍の侯を得ざる所以なり』と。　漢雜事(6)に曰く、天子の太社は、五色を以て壇を爲す。諸侯に封ずるには、其の土を取り、苴《つつ》むに白茅を以てし、之を授く。各〻封ぜられし所の方の色を以て、以て社を其の國に立つ。故に之を茅土を受くと謂ふ。漢興り、唯だ皇子の封ぜられて王と爲る者のみ、茅土を得。其の他の臣、戶の賦租を以て入れて節と爲す。茅土を受けず、社を立てず。東觀漢記(7)に曰く、上《しょう》功臣を封じ、皆列侯と爲す。大國は四綵（縣）、餘は各ゝ差有り。博士の丁恭等議するに、『古の帝王は諸侯を封ずるに、百里を過ぎず、故に以て侯を建つるに利あるは、法を雷に取ればなり』と。上曰く、『古の亡國、皆以て道無し。未だ嘗て功臣を封ずるに地多くして滅ぶ者あらざるなり』と。乃ち謁者を遣はして、卽ち印綬を授く。(8)又曰く、馮勤もて諸侯の封事を典《つかさど》らしむ。勤 功次の輕重、國土の遠近、地勢の豊薄を差量し、相《あい》踰越せざれば、厭服せざるは莫し。是れより封爵の制、勤に非ざれば定まらず。白虎通(9)に曰く、受命の王、太平の美を致すは、羣臣の上下の功あれば、故に盡く之を封ず。中興の征伐に及びては、大功は皆封じ、盛德の士も亦た之を封ず。德を以て封ぜらるる者は、必ず之を試して附庸と爲し、三年功有れば、因りて之を五十里に封ず。元士に功有る者も、亦た附庸と爲すなり。其の大夫に位して功有れば、封五十里と成し、卿は封七十里と成し、公は封百里と成す。(10)又曰く、王者位に卽くや、先に賢者を封ずるは、民を憂ふこと之れ急なればなり。故に土に列し疆を分かつは、諸侯の爲に非ず。官を張り府を設くるは、卿大夫の爲に非ず、皆民の爲なり。鹽(11)鐵論に曰く、昔太公 營丘の墟に封ぜられ、草萊を辟《ひら》きて居る。地薄く人少なし、是に於て利末の道に通じ、女工の功を極む。是《ここ》を以て鄰國は齊に交はり、財畜貨殖して、世ゝ疆（彊）國と爲る。管仲は桓公を相《たす》け、先君の業を襲ぎ、輕重之れ變ず。南は疆（彊）楚を服し、而して諸侯に霸たり。袁子(12)に曰く、今卿相《けいしょう》の才有らば、三公の位に居り、其の治政を修め、以て國家を寧んずるも、未だ必ずしも侯に封ぜられざるなり。今軍政の法、一牙門將を斬る者は、侯に封ぜられ、夫《か》の一將を斬るの功は、天下を安寧とする者に孰《い》與《ず》れぞ。夫の一將を斬るの功の者、侯に封ぜらるるは、封賞の意を失ふなり。相書(13)に曰く、天中容半印は、侯に封ぜらる。(14)又曰く、天中の正舀 刀の如き者は、侯に封ぜらる。周易(15)に曰く、我に好爵有り、吾 爾《なんじ》と之を靡《とも》にせん。左傳(16)に曰く、齊の莊公勇爵を爲す、殖倬《しょくたく》・郭最《かくさい》、與らんことを欲す。州綽曰く、『東閭の役、臣が左驂迫り、門中に還り、其の枚數を識る。其れ以て與る可きか』と。公曰く、『子は晉君の爲にするなり』と。對へて曰く、『臣は隸と爲りて新たなり』と。管子(17)に曰く、爵をば尊ばず、祿をば重しとせざる者は、

三頁難を圖り危を犯すに與らず。其の道を以て未だ以て之を求む可からずと爲せばなり。是の故に先王軒冕を制するは、以て貴賤を著すに足り、其の美を求めず、爵祿を設くるは、以て其の服を守るに足り、其の親を求めず。君子をして道に食み、小人をして力に食ましむ。孟子(18)に曰く、天爵なるもの有り、人爵なるもの有り。仁義忠信、善を樂しみて倦まざるは、此れ天爵なり。公卿大夫は、此れ人爵なり。古の人、其の天爵を脩むれば、而ち人爵之に從ふ。其の天爵を脩めて、

以て人爵を要《もと》む。既に人爵を得、而るに其の天爵を棄つるは、則ち惑ひの甚しき者なり。　商君書(19)に曰く、明主の貴ぶ所は唯だ爵のみ。爵賞榮ならざれば、其の民急ならず。列爵顯ならざれば、則ち民事へず。爵 得易ければ、則ち民 祿を貴ばず、賞 道ならざれば、則ち民死を以て位を争はざるなり。　又(20)曰く、凡そ人主の民に勸むる所以の者は、官爵なり。國の興る所以の者は、農戰なり。今、民 官爵を求むるに、皆農戰せず、而して功言虛道を以てす。此を勞民なる者と謂ひ、其の國必ず削らる。　周官禮(21)に曰く、諸公の地は、封疆方五百里、其の食む者は半なり。　又(22)曰く、公は桓圭を執る。　又(23)曰く、諸侯の地は、封疆方四百里、其の食む者は三の一。　又(24)曰く、諸侯・諸伯は七命、其の國家・宮室・車旗・衣服・禮儀は、皆七を以て節と爲す。　又(25)曰く、侯は信圭を用ふ。　又(26)曰く、諸伯の地は、封疆方三百里、其の食む者は四の一。　又(27)曰く、伯は躬圭を用ふ。　又(28)曰く、諸子の地は、封疆方二百里、其の食む者は四の一。　又(29)曰く、子男は五命、其の國家・宮室・車旌・衣服・禮儀は、皆五を以て節と爲す。　又(30)曰く、子は穀璧を執る。　又(31)曰く、諸男の地は、封疆方百里、其の食む者は四の一。又(32)曰く、男は蒲璧を執る。　百官表注(33)に曰く、五等の諸公は、周官なり。金章朱綬、朱質・四采・玄文、織は百四十首、廣は尺四寸、長は一丈六尺、朝服、進賢・三梁冠、官品は第二、地は方七十五里、位は三公の班次に視《なぞら》へ、邑は三千八百戸、國秩は絹千八百匹、妾は六人、車前の司馬は十四人、旅賁は五十人なり。　又(34)曰く、縣侯は漢官なり。縣侯より而下は、列侯と通號す。金章紫綬、朝服、進賢・三梁冠、官品は第三なり。光武の中興に功を論じ、大功臣を封ずるに、吳漢・鄧禹は各〻四縣、賈復《かふく》・朱浮《しゆふ》は三縣、耿弇《こうえん》等二十九人なり。又、縣侯に家丞・庶子の官有り。列侯も皆亦た之の如し。　漢官解詁(35)に曰く、列侯は金印紫綬、以て其の功有るを賞す。功の大なる者は縣邑に食み、小なる者は鄕亭に食む。其の食む所の吏民を臣とするを得。本は徹侯と爲すも、武帝の諱を避けて

【四頁】通侯と曰ふ。舊時の文書に、或いは『通侯に爵す』とは是《これ》なり。後に更めて列侯と曰ふ。今の俗人或いは都《みな》諸侯と言ふは、乃ち王のみ、此に非ざるなり。列侯の國に歸るものは、茅土を受けず、宮室を立てず、各〻貧富に随ふ。　環濟の要略(36)に曰く、爵に五等有り、公とは人(ム《し》)無きなり。故に厶(ム)に比(北《そむ》)くを文《かざ》りて公と爲す。　又(37)曰く、伯は把《と》るなり。政事を持するなり。　又(38)曰く、子は猶ほ孳《じ》のごとし、孳は下を恤《あわ》れむの稱なり。　又(39)曰く、男は任なり。治事に任じ、王の命を受けて君と爲るなり。　周書(10)に曰く、能く衆を移して百姓と同じくす、之を公と謂ふ。　又(11)曰く、能く名を樹《た》て物を生じ、天道と倶にするは、之を侯と謂ふ。　謚法(12)に曰く、執りて八方に應ぜしむるを侯と曰ふ。　孝經援神契(13)に曰く、侯は候なり。守蕃する所以なり。

【詔】梁の任昉の初めて諸功臣を封ずるの詔(14)に曰く、草昧權輿は、事

締構に深く、俗を康《やわ》らげ務を成し、義は民を庇《おお》ふに在り。羣才の軌を竝べ、文武宣翼するに非ざるよりは、將《はた》何を以て茲《こ》の景祚《けいそ》を啓き、此の帝圖を弘めん。或いは帷帳に運籌《うんちゅう》し、王業を經啓し、或いは城を攻め野を略し、義に殉じ生を忘れ、或いは股心爪牙、衝を折り侮を禦ぐ。忠勤茂德、夷險一致せば、竝びに宜しく國を建て宇を開き、王室を蕃屛すべし。山河の誓、永永として窮まること無からん。【論】後魏の王粲の爵論(15)に曰く、律に依らば爵を奪ふの法有り。此れ『古者《いにしえ》爵行はるるの時、民爵を賜らば則ち喜び、爵を奪はば則ち懼る』と謂ふ。故に奪賜を以て而して法とす可きなり。今爵の事廢《すた》る。民爵とは何たるかを知らざるなり。之を奪ふも民亦た懼れず、之を賜ふも民亦た喜ばず。是れ空しく文書を設け而して用ふる無きなり。今誠に爵に循はば、則ち上下實を失はずして、而も功勞の者は勸《つと》む。古の道を得て、漢の法に合す。貨財を以て賞と爲すは、供す可からず。復除を以て賞と爲すは、租稅損減す。爵を以て賞と爲すは、民勸めて而も費 省なる者なり。故に古人は爵を重んずるなり。 晉の陸機の五等論(16)に曰く、五等の制は、黃唐に始まり、郡縣の治は、秦漢に創まる。得失成敗は、備はりて典謨に在り。是《ここ》を以て其の詳は得て言ふ可し。夫れ先王は知れり、帝業は至重、天下は至廣。廣ければ以て偏に制す可からず、重ければ以て獨り任ず可からず、任重ければ力を借るに必し、制廣ければ人に因るに終ふを。是に於てや、其の封疆の典を立て、其の親疎の宜を財《さば》き、萬國をして相維《あいつ》ぎ、以て盤石の固きを成し、宗庶をして雜居し、而して維城の業を定めしむ。其の人の爲にするは己を厚くするに如かず、物を利するは身を圖るに如かざるも、上を安んずるは下を悅ばすに在り、己の爲にするは人を利するに在るを知る。是を以て天下に分かつに厚樂を以てし、而して己の之と憂を同じくするを得、天下に饗するに豐利を以てし、而して我之と害を共にするを得。故に諸侯 食土の實を享け、萬國 世及の祚を受く。夫れ然らば則ち南面の君は、各ゝ其の治に務め、世は治まり以て風を敦くするに足り、道衰ふも以て

【五頁】暴を禦ぐに足る。故に疆毅《きょうき》の國も、一時の勢を擅《ほしいまま》にする能はず。雄俊の民も、霸王の志に寄る所無し。降りて亡秦に及び、道を棄て術に任じ、周の失に懲りて自ら其の得るところを矜る。斧を尋《もち》ふるは庇ふ所に始まるも、國を制するは下を弱くするに昧し。國は獨り其の利を饗くるを慶び、主は與に害を共にする莫きを憂ふ。速かに亡び亂に趣くは、必ずしも道を一にせずと雖も、顚沛の釁《きん》は、實に孤立に由る。是れ蓋し五等の小怨を思ふも、經國の大德を忘れ、陵夷の患ふべきを知るも、土崩の痛爲るに闇きなり。漢は秦の枉を矯め、大いに侯王を啓くも、境土逾ゝ《いよいよ》溢れ、舊典に遵はず。是《ここ》を以て諸侯其の國家の富を阻み、其の士民の力に憑る。勢足る者は反すること疾く、土狹き者は逆《もと》ること遲し。六臣は其の弱綱を犯し、七子は其の漏網を衝く。皇祖

黥徒に夷《やぶ》れ、西京 東帝に疾む。是れ蓋し過正の災、而して侯を建つるの累に非ざるなり。

《注》

（1）周禮卷八、夏官司馬下、職方氏。（2）呂氏春秋卷十一、中冬紀、長見。（3）史記卷十七、漢興以來諸侯王年表第五。（4）史記卷四十六、田敬仲完世家第十六。（5）漢書卷五十四、李廣傳第二十四。（6）佚書。（7）四部備要、武英殿聚珍版叢書に收む。（8）四部備要、武英殿聚珍版叢書に收む。（9）白虎通德論卷五、考黜。（10）白虎通卷三、封公侯。（11）鹽鐵論卷三、輕重第十四。（12）袁子正書のこと。玉函山房（子編儒家類）を參看。（13）佚書。（14）佚書。（15）周易卷六下經、中孚・周易卷七、繫辭傳上。（16）左傳卷十六、襄公二十一年。（17）管子卷六、法法第十六。（18）孟子卷十一、告子上。（19）商子卷三、錯法第九。（20）商子卷一、農戰第三。（21）周禮卷三、地官司徒第二、大司徒。（22）周禮卷五、春官宗伯、大宗伯・典瑞・卷十、秋官司寇下、小行人。（23）周禮卷三、地官司徒第二、大司徒。（24）周禮卷五、春官宗伯、典命。（25）周禮卷五、春官宗伯、大宗伯・典瑞・卷十、秋官司寇下、小行人。（26）周禮卷三、地官司徒、大司徒。（27）周禮卷五、春官宗伯、大宗伯・典瑞・卷十、秋官司寇下、小行人。（28）周禮卷三、地官司徒、大司徒。（29）周禮卷五、春官宗伯、典命。（30）周禮卷五、春官宗伯、大宗伯・典瑞・卷十、秋官司寇下、小行人。（31）周禮卷三、地官司徒、大司徒。（32）周禮卷五、春官宗伯、大宗伯・典瑞・卷十、秋官司寇下、小行人。（33）逸書考（子史鉤沈）を參看。（34）逸書考（子史鉤沈）を參看。（35）逸書考（子史鉤沈）を參看。（36）玉函山房（史編雜史類）を參看。（37）玉函山房（史編雜史類）を參看。（38）玉函山房（史編雜史類）を參看。（39）玉函山房（史編雜史類）を參看。（40）汲冢周書卷九、太子晉解。（41）汲冢周書卷九、太子晉解。（42）汲冢周書卷六、謚法解第五。（43）玉函山房（經編辭書類）を參看。（44）全梁文卷四十一を參看。全梁文は「梁武帝初封諸功臣詔」と題す。（45）全後漢文卷九十一を參看。（46）陸士衡文集卷十、文選卷五十四。文集・文選は共に「五等諸侯論」と題す。

六頁

親戚封

左氏傳曰太*上以徳撫民其次親親以相及也昔周公弔二叔之不咸故封*親戚以蕃屛周管蔡郕霍魯衞毛聃郜雍魯*滕畢原酆郇文之昭也邘晉應韓武之穆也凡將*邢茅胙祭周公之胤也　毛詩曰乃命魯公俾侯于東錫之山川土田附庸　又曰奄有龜蒙遂荒大東至於*海邦淮夷來同　史記曰成王與叔虞戲削桐葉爲珪予*虞曰以唐*封汝*史佚因言*請擇日立叔虞成王曰吾與之戲耳史佚曰天子無戲言言則史書之禮成之樂歌之於是遂封叔虞於唐　漢書曰漢興之初*尊王子弟大啓九國*京師內史凡十五郡公主列侯頗邑其中*蕃*國大者跨*州兼郡連城數十宮室百官同制京師*諸呂之難*賴*於諸侯也　孟子曰象至不仁封諸*有庳*仁人之於其弟也不藏怒焉不宿怨焉親愛之而已矣親之欲其貴*愛之欲其富也封之有庳者*富貴之也身爲天子弟爲匹夫可謂親愛之乎 **【詔】** 魏明帝詔曰古之帝王封建諸侯所以蕃*屛王室也詩不云乎懷徳維寧宗子維城秦漢繼周或強*或弱俱失厥中大魏創業諸王開國隨時之宜未有定制非所以永爲後法也其改封諸*王皆以郡爲國　梁任昉武帝追封永陽王詔曰亡兄徳履冲粹識業深通徽聲善譽風流籍甚道長世短淸塵緬邈感惟旣往永慕慟心可追封永陽郡王　又追封丞相長沙王詔曰夫褒崇名器率由舊章光昭德祀永世作則亡兄道被如仁功深微管懸諸日月久而彌新故能拯龜玉於已毀導涸源於將塞今理運惟新賢戚竝建感惟永遠觸目崩心可追封長沙郡王　又追封衡陽王桂陽王詔曰亡弟暢風標秀物器體淹弘朱方之役盡勤王事策出

《校異》

②「太」を「大」に作る。「封」の下に「建」の字有り。

③「魯」を「曹」に作る。「將」を「蔣」に作る。

④「於」を「于」に作る。

⑤「予」を「以與叔」の三字に作る。「唐」を「此」に作る。「汝」を「若」に作る。「言」の字無し。

⑥「初」の下に三十五字有り。「京」の上に百九字有り。

⑦「中」の下に「而」の字有り。「蕃」を「藩」に作る。「跨」を「夸」に作る。「師」の下に四十二字有り。「難」の下に「成太宗之業者亦」の七字有り。「於」の上に「之」の字有り。

⑧「諸」を「之」に作る。「仁」の上に二十五字有り。「其」の字無し。「貴」の下に「也」の字有り。

⑨「者」の字無し。

⑩「蕃」を「藩」に作る。「強」を「彊」に作る。

⑪「王」の上に「侯」の字有り。

無方物惟不賞亡弟融業行清簡風度閑綽蚤優名輩夙廣令聞朕應天紹命君臨萬寓祚啓郇滕感興魯衞事往運來永懷傷切暢可追封衡陽郡王融可追封南陽郡王　又封臨川安興建安等五王詔曰神州帝城冠冕列岳渚宮樊鄧形勝是歸居中作衞翼宣戎重隆茲寵號寔允舊章竝非親勿居惟賢斯授宏朕之介弟早富德譽董一蕃政緝是嘉庸國禮家情瞻寄隆重季風穎儁邁誠業摽簡任居蕃翰政以化成偉體韻淹穆神寓凝正經綸夷險參贊王業　陳徐陵始興王詔曰漢祖天倫伯叔追封晉元世系琅*邪*傳國仰惟二后重光率由前典朕昔因蕃*次蒙繼本宗分在要荒久離寒燠天嘉紹祚別命皇枝歸自崤函禮隔登獻每至霜庭可履矚垣寢而懷悲風樹鳴條望章陵而增感今嗣王乖德獲罪慈訓永言主鬯宜自朕躬但國步時艱皇基務切復奉家業升纂帝圖重違情禮*言深哽慟可以第二皇子升陵爲始興王【策】　漢武帝使御史大夫策諸子立閎爲齊王曰於戲小子閎受茲青社朕承祖考道惟稽古建爾國家封于東土世爲漢蕃輔於戲念哉共朕之詔唯命不于常人之好德克明顯光義之丕圖俾爲君子無怠爾心允執其中　又立子旦爲燕王曰小子旦受茲玄社建爾國家封于北土　又立子胥爲廣陵王曰小子胥受茲赤社建爾國家封于南土戰戰兢兢乃惠乃愼無侗好佚無邇小人【章】　魏陳王曹植改封陳王謝恩章曰臣既弊陋守國無效*自分*削黜*以彰衆誡*不意天恩滂霈潤澤横流猥蒙加封茅土既優爵賞必重非臣虚淺所宜奉受非臣灰身所能報塞*　又封二子爲公謝恩章曰詔書封臣息男苗爲高陽鄉公志爲穆鄉公臣伏自惟文無升堂廟勝之功武無摧鋒接刃之効天時運幸得生

《校異》

⑥「琅邪」「瑯琊」に作る。「蕃」を「藩」に作る。

⑧「禮」を「理」に作る。

⑬「效」を「効」に作る。「分」の下に「出」の字有り。「黜」の字無し。「誡」を「誠」に作る。

⑭「塞」を「荅」に作る。

八頁

貴門遇以親戚少荷光寵竊位列侯榮曜當世顧影慙形流汗反側洪恩罔極雲雨增加既榮本幹枝葉幷蒙苗志小豎既頑且稚猥荷列爵竝佩金紫施崇一*門*惠及父子　齊謝朓爲宣城公拜章曰惟天爲大日星度其象謂地蓋厚河岳宣其氣斯冕旒所以貞觀袞職所以代終慙下穆而上尊豈南征而北怨何以克詠九歌載宣七德銘彼旗裳勒斯鍾鼎 **【表】** 陳思王曹植謝初封安鄉侯表曰臣抱罪卽道憂惶恐怖不知刑罪當所恨*齊陛下哀愍臣身不聽有司所執待之過厚卽日於延津受安鄉侯印綬奉詔之日且懼且悲懼於*不脩始違憲法悲於不愼速此貶退上增陛下垂念下遺大*后見憂臣自知罪深責重受恩無量精魂*飛散忘軀殞命云云*　齊謝朓封甄城王表曰臣愚駑垢穢才質疵下過受陛下日月之恩不能摧身碎首以答陛下厚德而狂悖發露始干天憲自分放棄抱罪終身苟貪視恩無復稀幸不悟聖恩爵以非望枯木生葉白骨更肉非臣罪戾所當宜蒙俯仰慙惶五內戰悖奉詔之日悲喜參至雖因拜章陳答聖恩下情未展　又轉封東阿王謝表曰奉詔太皇太后念雍丘下濕少桑欲轉東阿當合王意可遣人按行知可居否奉詔之日伏增悲喜臣以無功虛荷國恩爵尊祿厚用無益於時脂車秣馬志在黜放不圖陛下天父之恩猥宣皇太后慈母之念遷之陛下幸爲久長計聖旨惻隱恩過天地臣在雍丘劬勞五年左右罷怠居業向定園果萬株枝條始茂私情區區實所重棄然桑田無業左右貧窮食財餬口形有躶露臣聞古之仁君必有棄國以爲百姓況乃轉居沃土人從蒙福江海所流無地不潤雲雨所加無物不茂若陛下念臣入從五年之勤少見佐助此枯木生華白骨更肉非臣之敢望也餓者易

《校異》
②「一門」を「所加」に作る。
⑤「恨」を「限」に作る。
②「於」を「于」に作る。「大」を「太」に作る。
⑦「魂」を「魄」に作る。「云」の字無し。

《校異》
なし

食寒者易衣臣之謂矣　呉胡綜請立諸王表曰受命之主繫天而王建化垂統爲一代制雖禮有損益事有質文至於崇建懿親列土封爵內蕃國朝外鎭天下古今同契其揆一也周室之興寵秩子第姫姓之國五十有五諸王子受國者漸多光武中興四海擾攘衆諸制度未徧而九子受國明章卽位男則封王女爲公主故詩曰既受帝祉施于子孫陛下踐阼以來十有二載皇后無號公主無邑臣下歎息遠近失望是以屢獻愚懷依據典禮庶請具陳足寤聖心深辭固拒不蒙進納恐天下有識之士將謂呉臣闇於禮制不知陛下謙以失之也加今仰夏盛德在上大呉之慶於是乎始開國建號吉莫大焉唯陛下割謙謙之德副兆民之望留臣祐許天下幸甚　晉孫毓賀封諸侯王表曰臣聞軒轅二十五宗黃祚以繁姫姓建國七十周過其曆故禦侮莫如同德伏惟陛下聖哲欽明稽乾作則超五越三與靈協契天祚明德克昌祚胤秦王楚王淮南王光濟碩美冠于羣后改建大國分鎭方岳皇太子皇孫竝啓土宇培敦潼索制弘往代內輸皇畿外蕃九服羣生仰德向風懷義率土臣妾莫不稱慶　梁任昉爲蕭侍中拜襲封表曰詔書拜臣襲封竟陵郡王臣以凡庸素乏才植皇朝尙德詔爵惟賢遂復出脩職貢人頒卿士但有道之守海外重扃蕃籬近甸無勞擊柝仰閲舊章俯增私感報國承家豈云萬一【奏】宋傅亮尙書八座封諸皇弟皇子奏曰臣聞懿親廣樹聖主所先明德竝建古之休典所以維城皇代盤石帝基內衞畿服外綏四海者也第某皇弟皇子等神姿穎哲大成俱茂地均魯衞德兼庸賢顯進徽號啓建疆宇弘道作屛光翰邦家竝可封郡王　宋謝莊爲尙書八座封皇子郡王奏曰臣聞桐珪睦親書河汾之策賜帶

《校異》
なし

懷賢敬東平之祚諒以訓經終始義洽垣墉第某皇弟等器彩明敏令識穎悟竝宜憲章前典光啓祚宇作屛王室式雍帝載臣等參議可封郡王

親戚封

左氏傳(1)に曰く、太上は徳を以て民を撫し、其の次は親に親み、以て相及ぼすなり。昔周公二叔の咸《おなじ》からざるを弔す。故に親戚を封じ、以て周を蕃屏す。管・蔡・郕《せい》・霍・魯・衛・毛・聃《たん》・郜《こう》・雍・魯（曹）・滕《とう》・畢・原・酆《ほう》・郇《しゅん》は、文の昭なり。邘《う》・晉・應・韓は、武の穆なり。凡《およ》そ將・邢・茅・胙《そ》・祭は、周公の胤なり。　毛詩(2)に曰く、乃ち魯公に命じ、東に侯たらしめ、之に山川・土田・附庸を錫《たま》ふ。　又(3)曰く、龜蒙を奄有し、遂に大東を荒す。海邦に至り、淮夷來り同す。　史記(4)に曰く、成王叔虞と戯れ、桐葉を削り珪を爲り、虞に予へて曰く、『唐を以て汝を封ぜん』と。史佚因りて言ふ、『請ふ日を擇びて叔虞を立てん』と。成王曰く、『吾之と戯るるのみ』と。史佚曰く、『天子に戯言無し。言へば則ち史之を書し、禮もて之を成し、樂もて之を歌ふ』と。是に於て遂に叔虞を唐に封ず。　漢書(5)に曰く、漢興の初、王の子弟を尊び、大いに九國を啓《ひら》く。京師の内史、凡そ十五郡。公主・列侯、頗る其の中に邑し、蕃國の大なる者は、州を跨《また》ぎ郡を兼ぬ。城を連ぬること數十、宮室・百官は、制を京師に同じくす。諸呂の難は、諸侯に頼るなり。　孟子(6)に曰く、象《しょう》は至って不仁なり。諸を有庳《ゆうひ》に封ず。仁人の其の弟に於けるや、怒《いかり》を藏《かく》さず、怨《うらみ》を宿《とど》めず。之を親愛するのみ。之を親しみては其の貴《たっと》からんことを欲し、之を愛しては其の富まんことを欲するなり。之を有庳に封ずるは、之を富貴にするなり。身は天子と爲り、弟は匹夫と爲らば、之を親愛すと謂ふ可けんや。【詔】魏の明帝の詔(7)に曰く、古の帝王、諸侯を封建するは、王室を蕃屏する所以なり。詩に云はざるや、『懷徳は維れ寧、宗子は維れ城』と。秦漢周を繼ぎ、或いは強或いは弱、倶《とも》に厥の中に失す。大魏の創業、諸王は國を開き、時の宜《よろしき》に隨ひ、未だ定制有らず。永く後法と爲す所以に非ざるなり。其れ諸王を改封し、皆郡を以て國と爲さん。　梁の任昉の武帝の永陽王に追封するの詔(8)に曰く、亡兄徳履は冲粹《ちゅうすい》、識業は深通。徽聲・善譽、風流は籍甚《せきじん》たり。道は長く世は短く、淸塵は緬邈《めんばく》たり。既往に感じ惟《おも》ひ、永に慕ひ心に慟《なげ》く。永陽郡王に追封す可し。　又丞相を長沙王に追封するの詔(9)に曰く、夫れ名器を褒崇《ほうしゅう》し、舊章を率由《そつゆう》す。徳祀《とくし》を光昭し、永世則《のり》と作る。亡兄道は仁の如きに被《およ》び、功は微管《びかん》より深し。諸を日月に懸け、久しくして彌〻新《いよいよあらた》なり。故に能く龜玉を已に毀《こわ》れたるに拯《すく》ひ、淵源を將に塞がんとするに導く。今理運は惟れ新に、賢戚は竝び建つ。感じ惟ふこと永遠に、目に觸るれば心を崩《くず》す。長沙郡王に追封す可し。　又衡陽王・桂陽王に追封するの詔(10)に曰く、亡弟暢《ちょう》は、風は秀物を標《ひょう》し、器《うつわ》は淹弘を體す。朱方の役、王事に盡勤す。策は

七頁無方に出で、物は惟れ賞さず。亡弟融《ゆう》は、業は淸簡を行ひ、風は閑綽《かんしゃく》に度《のっと》る。蚤《つと》に名輩に優《やさ》しく、夙《つと》に令聞を廣む。朕は天に應じ命を紹《つ》ぎ、萬寓に君臨す。祚《さいわい》に郇《しゅん》・滕《とう》を啓かんとし、魯・衛を感興《かんきょう》す。

事は往き運は來たり、永《とわ》に傷切を懷ふ。暢は衡陽郡王に追封す可し。融は南陽郡王に追封す可し。　又臨川・安興・建安等五王に封ずるの詔(11)に曰く、神州は帝城、冠冕は列岳、渚宮は樊鄧《はんとう》、形勝は是れ歸す。中に居りて衞と作り、戎重《じゅうじゅう》を翼宣す。茲の寵號を隆《たか》くし、寔に舊章に允《あた》る。竝びに親に非ざれば居ること勿《な》く、惟れ賢斯《ここ》に授く。朕の介弟を宏《ひろ》くし、早に德譽を富ましむ。蕃政を董一し、嘉庸を緝是《しゅうぜ》す。國禮・家情、隆重《りゅうちょう》を瞻寄《せんき》す。季風の穎儁は邁《ゆ》き、誠業は摽簡《ひょうかん》たり。任は蕃翰に居り、政は化の成るを以てす。偉《うるわし》きかな體韻は淹穆たり、神寓《しんう》は凝正《ぎょうせい》たり。夷險を經綸《けいりん》し、王業を參贊せよ。　陳の徐陵の始興王の詔(12)に曰く、漢祖は天倫、伯叔をば追封す。晉元は世系、琅邪《ろうや》もて國を傳ふ。二后の重光を仰ぎ惟《おも》ひ、前典を率由す。朕は昔蕃次《はんじ》に因り、本宗を蒙繼《もうけい》す。分れて要荒に在り、久しく寒燠《かんいく》を離る。天は紹祚《しょうそ》を嘉《よみ》し、別に皇枝に命ず。崤函《こうかん》より歸るも、禮もて登獻を隔《へだ》つ。每《つね》に霜庭履む可くんば、垣寢《えんしん》を矚《み》て而《すなわ》ち悲を懷ひ、風樹條《えだ》を鳴らせば、章陵を望みて而ち感を增すに至る。今嗣王德に乖《そむ》き、罪を慈訓に獲たり。永に主奠《さだ》まると言はば、宜しく朕より躬《みずか》らすべし。但だ國步は時に艱《かた》く、皇基は務めて切なり。復た家業を奉じ、升《たか》く帝圖《ていと》を纂《つ》ぐ。重く情禮に違ひ、言《ここ》に深く哽慟《こうどう》す。第二皇子升（叔）陵を以て始興王と爲す可し。【策】漢(13)の武帝 御史大夫をして、諸子に策して、閎を立て齊王と爲さしめんとし、曰く、『於戯《ああ》小子閎よ、茲の青社を受けよ。朕は祖考を承け、道は稽古を惟ふ。爾が國家を建て、東土に封ぜん。世《よ》〻《よ》漢の蕃輔と爲れ、於戯念へよや。朕の詔を共《かたじけな》くし、唯れ命は子に常ならず。人の德を好むは、克く顯光を明かにし、義の丕圖《ひと》は、君子と爲らしむ。爾が心を怠る無かれ、允《まこと》に其の中を執れ』と。　又子の旦(14)を立て燕王と爲さしめんとし、曰く、『小子旦よ、茲の玄社を受けよ。爾が國家を建て、北土に封ぜん』と。　又子の胥(15)を立て廣陵王と爲さしめんとし、曰く、『小子胥よ、茲の赤社を受けよ。爾が國家を建て、南土に封ぜん。戰戰兢兢、乃ち惠乃ち愼、好佚を伺《うかが》ふこと無かれ、小人に邇《ちか》づくこと無かれ』と。【章】魏の陳王曹植の陳王に改封せられし謝恩の章(16)に曰く、臣は既に弊陋《へいろう》、國を守りて效無し。自《みずか》ら削黜《さくちゅつ》を分《さだ》め、以て衆誡を彰《あき》らかにす。意はざりき、天恩滂霈し、潤澤横流するを。猥《みだ》りに加封を蒙り、茅土は既に優、爵賞は必ず重し。臣が虛淺《きょせん》の、宜しく奉受すべき所に非ず、臣が灰身《かいしん》の、能く報塞《ほうさい》する所に非ず。　又二子を封じて公と爲すの謝恩の章(17)に曰く、詔書もて臣が息男を封じ、苗を高陽鄉公と爲し、志を穆鄉公と爲せり。臣 伏して自ら惟《おもん》みるに、文は升堂廟勝の功無く、武は摧鋒接刃の効無きも、天時運ること幸《さいわい》に、八頁貴門に生ずるを得たり。遇《ぐう》せらるに親戚を以てし、少《わか》くして光寵を荷ふ。位を列侯に竊《ぬす》み、曜《かがやき》を當世に榮《さか》ゆ。影を顧《かえり》みては形に慙ぢ、汗を流しては反側す。洪恩は極《きわまり》罔《な》く、雲雨は增加し、既に本幹を榮え、枝葉も幷蒙す。苗・志は小豎《しょうじゅ》、既に頑《がん》且つ稚《ち》なるに、猥りに列爵を荷ひ、竝びに金紫を佩す。崇《たかき》を一門に施し、恵《めぐみ》は父子に及べり。齊の謝朓の宣城公と爲るの拜章[18]に曰く、惟《おも》ふに天は大爲《た》り、日星は其の象を度《わた》る。謂《おも》ふに地は厚《あつき》を蓋《おお》ひ、河岳は其の氣を宣ぶ。斯ち冕旒《べんりゅう》は貞觀する所以、袞職《こんしょく》は代終する所以なり。下穆にして上尊を慙ぢ、豈に南征して北怨せん。何を以て克く九歌を詠じ、載《すなわ》ち七徳を宣べん。彼《か》の旗裳に銘し、斯《こ》の鍾鼎に勒さん。【表】陳思王曹植の初めて安郷侯に封ぜらるるを謝するの表[19]に曰く、臣は罪を抱きて道に卽《つ》き、憂惶恐怖し、刑罪を知らざるも、當に恨（限）齊たる所なるべし。陛下 臣の身を哀愍《あいびん》し、有司の執る所を聽《ゆる》さず。之に待するに厚に過ぎ、卽日延津《えんしん》に於て安郷侯の印綬を受《さず》く。奉詔の日、且つ懼れ且つ悲しむ。俯めざること、始めて憲法に違ふを懼れ、愼まざること、此の貶退《へんたい》に速《め》さるるに悲しむ。上は陛下の垂念を增され、下は大后の見憂を遺《くわ》へらる。臣自ら罪深く責重く、恩を受くるに量ること無きを知る。精魂飛散し、軀を忘《ほろ》ぼし命を殞《つ》くすと云云。　齊の謝朓の甄城王に封ぜらるるの表[20]に曰く、臣は愚駑垢穢《ぐどこうわい》、才質は疪（疵《し》）下《か》。陛下の日月の恩を受くるに過ぎ、身を摧《くじ》き首を砕き、以て陛下の厚德に答ふる能はず。而して狂悖《きょう》（悖《はい》）發露し、始め天憲を干かす。自分放棄し、罪を終身に抱くに、苟も覗恩を貪らば、復た幸を稀《のぞ》む無し。聖恩を悟らざれば、爵は以て望むに非ず。枯木も葉を生じ、白骨も更め肉づくも、臣が罪《ざい》戻《れい》當たる所宜しく蒙《おお》ふべきに非ず。俯仰慙惶し、五内戰悸《せんき》す。奉詔の日、悲喜參《まじ》はり至る。拜章に因り、陳べて聖恩に答ふと雖も、下情未だ展《の》べず。　又東阿王に轉封せらるるの謝表[21]に曰く、奉詔す。『太皇太后 雍丘は下濕にして桑少きを念ひ、東阿に轉ぜんと欲するは、當に王意に合すべし。人を遣はし按行せしめ、居る可きか否かを知る可し』と。奉詔の日、伏して悲喜を增す。臣 功無きも、虛しく國恩を荷《にな》ふを以てし、爵尊く祿厚きも、用は時に益すること無し。車に脂《あぶら》さし馬に秣《まぐさか》ふも、志は黜放《ちゅつほう》するに在り。圖らざりき、陛下天父の恩、猥《にわか》に皇太后慈母の念を宣《のたま》ひ之を遷すを。陛下 幸《さいわい》にして久長の計を爲し、聖旨の惻隱、恩は天地に過ぐ。臣は雍丘に在りて、劬勞《くろう》すること五年、左右 怠を罷め、居業 定に向かふ。園果の萬株、枝條始めて茂り、私情區區たるは、實に棄つるを重《はば》かる所あり。然れども桑田に業無く、左右貧窮し、食財《わず》かにして餬口し、形に裸露《らろ》有り。臣 古の仁君、必ず國を棄て、以て百姓の爲にすること有るを聞く。況や乃ち居を沃土に轉じ、人從 福を蒙るをや。江海の流るる所、地として潤はざるは無く、雲雨の加ふる所、物として茂らざるは無し。若《も》し陛下、臣の入（人）從五年の勤を念ひ、少しく佐助を見《しめ》さるるも、此れ枯木も華を生じ、白骨も更め肉づくは、臣の敢へて望むに非ざるなり。餓うる者は

九頁食らふを易くし、寒き者は衣るを易くするは、臣の謂ひなり。

吳の胡綜の諸王を立てんことを請ふの表[22]に曰く、受命の主、天に繫り

て王たり。化を建て統を垂れ、一代の制を爲す。禮に損益有り、事に質文有りと雖も、懿親《いしん》を崇建し、土に列して爵に封じ、内は國朝を蕃《まも》り、外は天下を鎭むるに至りては、古今 契を同じくし、其の揆一なり。周室の興るや、子弟を寵秩《ちょうちつ》し、姫姓の國、五十有五、諸王子の國を受くる者漸く多し。光武の中興、四海擾攘《じょうじょう》し、衆諸の制度未だ徧《あまね》からず。而るに九子 國を受け、明・章 位に卽くや、男は則ち王に封ぜられ、女《むすめ》は公主と爲る。故に詩に曰く、『既に帝祉を受け、子孫に施す』と。陛下 阼を踐みて以來、十有二載、皇后に號無く、公主に邑無し。臣下歎息し、遠近失望す。是《ここ》を以て屢〻《しばしば》愚懷を獻ずるに、典禮に依據す。庶《こいねが》はくは具に陳べんことを請ひ、聖心を寤《さと》るに足らんことを。深く辭し固く拒み、進納を蒙らざれば、天下の有識の士、將に吳の臣 禮制に闇からんと謂はんとし、陛下 謙《へりくだ》り以て之を失ふを知らざるを恐るるなり。加へて今 夏を仰ぎ、盛德 上に在り。大吳の慶、是に於てか始まる。國を開き號を建て、吉は焉《これ》より大なるは莫し。唯だ陛下、謙謙の德を割き、兆民の望に副《そ》ひ、臣を留め祐許せば、天下の幸甚し。

晉の孫毓の諸侯王を封ずるを賀するの表[23]に曰く、臣聞く、『軒轅の二十五宗、黃祚は以て繁く、姫姓は國を建つること七十、周其の曆を過ぐ。故に侮を禦《ふせ》ぐに、德を同じくするに如《し》くは莫し。伏して惟《おも》ふに、陛下は聖哲欽明にして、乾を稽《かんが》へ則を作り、五を超え三を越え、靈と協契《きょうけい》す。天祚明德、克く祚胤《そいん》を昌《さか》んにす。秦王・楚王・淮南王、光《おお》いに碩美に濟り、羣后に冠たり。改めて大國を建て、分けて方岳を鎭めしむ。皇太子・皇孫、竝《みな》土宇を啓き、潼索《とうさく》を培敦《ばいとん》し、制は往代より弘く、内は皇畿に輸《つ》くし、外は九服を蕃らす。羣生 德を仰ぎ、風に向かひて義を懷き、率土の臣妾、慶を稱《たた》へざるは莫し。

梁の任昉の蕭侍中の爲に襲封を拜するの表[24]に曰く、詔書もて臣を拜し、竟陵郡王に襲封せしむ。臣は凡庸を以て、素《もと》より才植《さいち》に乏し。皇朝 德を尙《たつと》び、詔爵《しょうしゃくこ》は惟れ賢。遂に復た出でては職貢を脩め、人（入）りては卿士を頒《わ》く。但だ有道の守、海外 扃《けい》を重ね、蕃籬《はんり》近甸《きんでん》、擊柝を勞する無し。仰ぎては舊章を閱《けみ》し、俯しては私感を增し、國に報じ家を承くるは、豈に萬一と云はん。

【奏】宋の傅亮の尙書八座 諸皇弟・皇子を封ずるの奏[25]に曰く、臣聞く、『懿親廣樹するは、聖主の先んずる所、明德竝《みな》建つは、古の休典』と。皇代に維城し、帝基を盤石にし、内は畿服を衞《まも》り、外は四海を綏んずる所以の者なり。第某皇弟・皇子等、神姿穎哲にして、大いに成り倶に茂る。地は魯・衞に均しく、德は庸賢を兼ね、徽號を顯進し、疆宇を啓建す。道を弘め屛を作り、光いに邦家を翰《きよ》くし、竝に郡王に封ず可し。

宋の謝莊の尙書八座の爲に皇子を郡王に封ずるの奏[26]に曰く、臣聞く、『桐珪睦親し、河汾の策を書し、帶を賜ひ

十頁 賢を懷《おも》ひ、東平の祚を敬ふ』と。諒《まこと》に經を訓ずるを以て終始し、義は垣墉《えんよう》に洽《あまね》し。第某皇弟等、器彩は明敏、令識は穎悟にして、竝に

宜しく前典を憲章し、光いに祚を宇に啓き、屛を王室に作り、式《もっ》て帝載を雍すべし。臣等參議するに、『郡王に封ず可し』と。

《注》

（1）左傳巻六、僖公二十四年。（2）毛詩巻第二十、魯頌、閟宮。（3）毛詩巻第二十、魯頌、閟宮。（4）史記巻三十九、晉世家第九。（5）漢書巻十四、諸侯王表第二。（6）孟子巻第九、萬章上。（7）三國志巻三、明帝紀。（8）全梁文巻四十一を參看。（9）全梁文巻四十一を參看。（10）全梁文巻四十一を參看。（11）全梁文巻四十一を參看。（12）徐孝穆集巻二。（13）不明。但し、史記巻六十三、王世家第三十・漢書巻六十三、武五子傳第三十三に略同文有り。（14）不明。但し、史記巻六十三、王世家第三十・漢書巻六十三、武五子傳第三十三に略同文有り。（15）不明。但し、史記巻六十三、王世家第三十・漢書巻六十三、武五子傳第三十三に略同文有り。（16）曹子建集巻第八。（17）曹子建集巻第八。（18）全齊文巻二十三を參看。（19）曹子建集巻八。曹子建集は「初封安郷侯表」と題す。（20）逸文。但し、全三國文巻十五は作者を曹植とし、「封甄城王謝表」と題す。（21）逸文。但し、全三國文巻十五は作者を曹植とす。（22）全三國文巻六十七を參看。（23）全晉文巻六十七を參看。（24）全梁文巻四十二を參看。（25）全宋文巻二十六を參看。全宋文は「爲尚書八座奏封諸皇弟皇子」と題す。（26）全宋文巻三十五を參看。全宋文は「爲尚書八座奏封皇子郡王」と題す。

功臣封

周官曰司勳掌六鄉賞地之法以等其功王功曰勳國功曰功事功曰勞治功曰力戰功曰多凡有功者銘書於王之太常　史記曰古之人臣功有五品以德立宗廟定社稷曰勳以言勞用力曰功明其等曰伐積日曰閱　又曰武王克紂太公之謀居多於是武王封尚父於齊營丘成王少時管蔡作亂淮夷叛周乃使召康公命太公東至海西至河南至穆陵北至無棣五侯九伯實得征之齊由此征伐大于諸國　又曰召公奭與周同姓武王之滅紂封召公于燕其在成王時自陝以西召公主之自陝而東周公主之　又曰鬻熊事周文王早卒當成王之時擧文武勤勞之嗣乃封其後熊繹於楚　又曰晉獻公伐霍耿魏滅之因以魏封畢萬爲夫卜偃曰畢萬之後必大萬盈數也魏大名也以是始賞天啓之也　又曰陳完奔齊懿仲欲妻之卜之吉曰是謂鳳皇于飛和鳴鏘鏘有嬀之後將育于姜五世其昌竝于正卿八世之後莫之與京卒妻之完卒謚爲敬仲六世而至田常田常弑簡公立簡公弟爲平公乃割齊安平以東爲己封邑始大於齊　漢書曰漢五年剋項天下乃平始論功侯者百四十有三人時人民散亡大侯不過萬戶封爵之誓曰使黃河如帶太山如礪於是申以丹書之信重以白馬之盟藏之宗廟副在有司　又曰陳平凡六出奇計輒益封凡六益家　又曰高祖封項伯等四人爲列侯賜姓劉氏　又曰項羽曰吾聞漢購我頭千金邑萬戶吾爲公得之乃自刎王翳取其頭揚喜呂馬童郎中呂勝楊武各得一體故分其地以封五人皆列侯　東觀漢記曰上謂耿丹曰今關東故王國雖數不過櫟陽萬戶邑夫富貴

《校異》

②「卿」を「鄉」に作る。「法」を「瀍」に作る。「事」の上に「民功曰庸」の四字有り。

③「之」を「者」に作る。「言」の下に「曰」の字有り。

④「王」の下に「於是遂行十一年正月甲子誓於牧野」の十五字有り。「克」を「伐商」の二字に作る。「紂」の下に八十二字有り。「太公之」を「師尚父」に作る。「王」の下に「巳平商而王天下」の七字有り。「封」の下に「師」の字有り。「丘」の下に一百四字有り。「叛」を「畔」に作る。

⑤「此」の下に「得」の字有り。「大」の上に「爲」の字有り。「于諸」の二字無し。

⑥「武」の上に「姓姬氏周」の四字有り。「于」を「於北」に作る。「時」の下に「召公爲三公」の五字有り。「而」を「以」に作る。

⑦「熊」の下に「子」の字有り。「周」の字無し。「早」を「蚤」に作る。「當」の上に「其子曰熊麗熊麗生熊狂熊狂生熊繹熊繹」の十七字有り。「成」の上に「周」の字有り。「嗣」の上に「後」の字有り。「乃」を「而」に作る。「其後」の二字無し。「公」の下に「獻公之十六年趙夙爲御畢萬爲右以」の十五字有り。

⑧「因」を「以耿封趙夙」の五字に作る。「夫」

の上に「大」の字有り。「大」の下に「矣」の字有り。「盈」を「滿」に作る。「啓」を「開」に作る。「也」を「矣」に作る。

⑨「完」の下に「故」の字有り。「齊」の下に三十四字有り。「之」を「完」に作る。「吉」を「占」に作る。「飛」を「蜚」に作る。

⑩「之」を「完」に作る。「完」の上に「完之奔齊齊桓公立十四年矣」の十二字有り。「仲」の下に六百四十八字有り。「六世而至」の四字無し。「公」の下に「于徐州田常乃」の六字有り。「弟」の下に「鷲是」の二字有り。「公」の下に「平公卽位田常相之專齊之政」の十二字有り。「乃」の字無し。

⑪「己」を「田氏」に作る。「始大於齊」の四字無し。「漢」の下に「王之號」の三字有り。「年」の下に「東」の字有り。「剋」を「克」に作る。「天」の上に「羽卽皇帝位八載而」の八字有り。「乃」を「迺」に作る。「功」の下に「而定封訖十二年」の七字有り。「時」の下に「大城名都」の四字有り。「人民」を「民人」に作る。「亡」の下に「戸口可得而數裁什二三是以」の十二字有り。

⑫「萬」の下に「家小者五六百」の六字有り。「太」を「泰」に作る。「如礪」を「若厲」に作る。「於」の上に「國以永存爰及苗裔」の八字有り。

⑫「盟」の下に二十八字有り。「藏之」を「臧諸」に作る。

⑬「封」の上に「邑」の字有り。「凡六益家」の四字無し。高帝紀・項籍傳ともに「高祖」の二字無し。「羽」の下に「迺」の字有り。

⑭「之」の字無し。「乃」を「迺」に作る。「頭」の下に「亂相輮蹈爭羽相殺者數十人最後」の十四字有り。「揚」を「楊」に作る。「一」の上に「其」の字有り。

⑮「列」の上に「爲」の字有り。

不歸故鄉如衣繡夜行故以封卿爾　又封竇融曰率厲五郡積兵羌胡畢至兵不血刃而虜土崩瓦解功既大矣篤意分明斷之不疑吾甚嘉之其以六安安豐陽泉蓼安風四縣封融爲安豐侯　又曰三輔豪傑入長安攻未央宮庚戌殺莽於漸臺東海公賓就得其首傳詣宛封滑侯　又曰班超定西域五十餘國乃封超爲定遠侯　魏志曰夏侯惇文*帝追思惇功欲使子孫畢侯分*邑千戸賜惇七十*二孫皆*關內侯惇弟廉及子楙素*列侯　又曹眞字子丹*以*功*封邵陵侯*曹*眞少與宗人曹遵鄉人朱讚竝事太祖早*亡眞愍之乞分*食邑封遵等*子曰*大司馬有叔向撫孤之仁*晏平久要之分聽*分*賜遵等*子爵關內侯*及*眞薨*明*帝*悉封眞五子*皆*列侯　又曰太祖*表封荀*彧爲萬歲亭侯太*祖*又與彧書曰君之相匡弼君之相爲舉人君之相與建計君之相密謀亦已多矣大功未必野戰*也*十*二年復增邑**合二千戸　又曰太祖表封荀*攸曰*前後剋*敵皆攸之謀也於是封攸*陵樹亭侯　又曰太祖自柳城還過攸舍稱攸前後謀曰昔高祖使張子房自擇齊三萬戸今孤亦欲自擇所封　又曰郭嘉字奉孝*冀州平封*洧陽亭侯*及薨*太*祖*表曰*良*策未決嘉輒成之平定天下謀功爲高宜*增邑*幷前千戸　又曰任峻字伯遠**爲典農中郎*大*興*屯*田軍國致饒**大祖以峻功高**表封都亭侯　又曰朱靈字文博封鄃侯文帝曰將軍佐命先帝威過方邵平王所志願勿難言靈謝曰高唐宿所願乃更封高唐侯【詔】後漢獻帝詔勅鎭東將軍領兗州牧費亭侯故特進顯授上將鈇鉞之任復食舊土雙金之寵董統一州委成之重榮曜昭示亦以優崇投節效命自百之秋也　又詔書拜鎭東將軍襲費亭侯曹操業履忠貞輔幹王室頃遭凶暴海內離

《校異》

④「文」の字無し。「分」の下に「惇」の字有り。「十」を「子」に作る。「皆」の上に「爵」の字有り。

⑤「素」の下に「自封」の二字有り。「丹」の下に二百八十八字有り。「以功」の二字無し。「侯」の下に二百三十六字有り。「曹」の字無し。

⑥「早」の上に「遵讚」の二字有り。「分」の下に「所」の字有り。「等」を「讚」に作る。「曰」の上に「詔」の字有り。「仁」の下に「篤」の字有り。「聽」の上に「君子成人之美」の六字有り。「分」の下に「眞邑」の二字有り。「等」を「讚」に作る。「侯」の下に四十一字有り。

⑦「及」の字無し。「薨」の下に五十三字有り。「明帝」の二字無し。「子」の下に「義訓則彥暟」の五字有り。「皆」の下に「爲」の字有り。「祖」の下に「錄彧前後功」の五字有り。「荀」の字無し。「太祖」より「戰也」の四十字無し。

⑧「十」の上に三百二十八字有り。「邑」の上に「彧」の字有り。「邑」の下に「千戸」の二字有り。

⑨「荀」の字無し。「前」の上に「軍師荀攸自初佐臣無征不從」の十二字有り。「剋」を「克」に作る。「攸」の字無し。

⑩「孝」の下に四百四十四字有り。「封」の下に「嘉」の字有り。「侯」の下に二百八十七字有り。

⑪「堯」の下に四十四字有り。「太祖」の二字無し。「曰」の下に二十二字有り。「良」の字無し。「宜」の上に「不幸短命事業未終追思嘉勳實不可忘可」の十七字有り。「邑」の下に「八百戸」の三字有り。「遠」を「達」に作る。「爲」の上に二百十九字有り。

⑫「郎」の下に六十四字有り。「大興屯田」の四字無し。「致」を「之」に作る。「饒」の下に「起於棗祗而成於峻」の八字有り。「高」の下に「乃」の字有り。「封」の下に「爲」の字有り。

十三頁

析操執義討截黃巾爲國出命夫祿以賞功罰以紃否今以操爲鎭東將軍領兗州牧襲父費亭侯嵩爵幷印綬符策　魏文帝册孫權太子登爲東中郎封侯文曰蓋河洛寫天意符讖述聖心昭晣著明與天談也故易曰河出圖洛出書聖人則之孫將軍歸心國朝忠亮之節同功佐命而其子當爲魏將軍著在圖讖猶漢光武受命李氏爲輔王梁孫咸竝見符緯也斯乃皇天啓祐大魏永令孫氏仍世爲佐其以登爲東中郎將封縣侯萬戶昔周嘉公旦祚流七胤漢禮蕭何一門十侯今孫將軍亦當如斯若夫長平之榮安豐之寵方斯蔑如　陳徐陵進武帝爲長城公詔曰德懋懋官功懋懋賞皇王盛則所謂元龜司空公南徐州刺史長城縣開國侯諱志懷*夤亮風度弘遠體文經武明允*驚誠曩者率五嶺之*疆兵誅四海之讎敵固以勒功彝鼎書勳太常克定京師勤勞自重自鎭撫枌楡永寧豐沛東涼既息北蔡無歸代馬燕犀氣雄天下裹糧坐甲固敵是求方欲大討於秦崤敦脩於與睦叶謀上相爰納朕躬思所以敬荅忠勳用申朝典可進爵爲長城縣公【表】　宋謝靈運謝封康樂侯表曰昔強互暴虐恃僭曆紀既噬五都志吞六合遂陷沒西河傾覆南漢淩籍紀郢跨越淮泗于時策畫惟疑地險已謝咸懼君臣同泯有生無餘亡祖奉國威靈董符戎重盡心所事剋黜禍亂功參盤鼎胙土南服逮至臣身值遭泰路日月改暉榮落代運輸稅唐化生幸無已不悟天道下濟鴻均曲成乃眷遐績式是興徵分虎鈿龜復顯茅土鳴玉拖紱班景元勳澤洽往德恩覃來胤永惟先蹤遠感崩結豈臣尫弱所當忝承臣聞至公無私甄善則一皇恩遠被殊代可侔是以信陵之賢簡在高祖之心望諸之道復獲隆漢之封觀史歎古欽茲盛美豈謂榮

《校異》

⑦「夤」を「寅」に作る。「驚」を「篤」に作る。「疆」を「彊」に作る。

十四頁

《校異》
なし

渥近霑微躬傾宗殞元心識其會酬恩答厚罔知所由　宋顔延之謝子竣封建城侯表曰伏見策書降
錫息竣開國建城縣侯爵踰三等戸越兼千生邀洪禮身茂盛世闔宗革聽盡室改觀誠慙末品誤參其
泰臣聞子之能仕父教之忠忠教善信臣實負其前誥能仕志政竣固暗於明試徒以數遇會昌消憂啓
聖幸與靈祚福德共從義勳分賞執珪登朝析金受邑慶重慮愆恩往懼積非臣耄蔽所任圖報豈竣庸
薄所能奉服　梁沈約謝封建昌侯表曰陛下投袂萬里拯厥塗炭臣雖心不吠堯而迹淪桀犬此則王
業始基臣所不與徒荷日月之私竟無蒸燭之用天命玄鳥非止今日受命作周其來久矣雖復備數樂
推與同謳頌而誠微弱草效闕纖塵遂班山河之誓叨佐命之賞亦何以慰悦帷帳酬報爪牙

功臣封

周官(1)に曰く、司勳は、六卿の地を賞するの法を掌り、以て其の功を等しくす。王功は勳と曰ひ、國功は功と曰ひ、事功は勞と曰ひ、治功は力と曰ひ、戰功は多と曰ふ。凡そ功有る者は、王の太常に銘書す。史記(2)に曰く、古の人臣は、功に五品有り。德を以て宗廟を立て、社稷を定むを勳と曰ひ、言を以てするを勞といひ、力を用ふるを功と曰ひ、其の等を明らかにするを伐と曰ひ、日を積むを閱と曰ふ。　又(3)曰く、武王紂に克ち、太公の謀多《た》に居る。是に於て武王尚父を齊の營丘に封ず。成王少き時、管・蔡亂を作し、淮夷周に叛す。乃ち召の康公を使はして太公に命ぜしめ、東は海に至り、西は河に至り、南は穆陵に至り、北は無棣《むてい》に至るまで、五侯・九伯は、實に之を征するを得しむ。齊は此に由り征伐し、諸國より大なり。　又(4)曰く、召公奭《せき》は、周と同姓。武王の紂を滅すや、召公を燕に封ず。其れ成王の時に在りて、陝より以て西は、召公之を主り、陝よりして東は、周公之を主る。　又(5)曰く、鬻熊《いくゆう》周の文王に事へ、早に卒す。成王の時に當たり、文・武の勤勞の嗣を擧げ、乃ち其の後《こう》熊繹を楚に封ず。　又(6)曰く、晉の獻公霍・耿・魏を伐ち、之を滅す。因りて魏を以て畢萬を封じ夫と爲す。ト偃曰く、『畢萬の後必ず大ならん。萬は盈ちし數なり。魏は大の名なり。是を以て始めて賞せらるは、天之を啓くなり。』と。　又(7)曰く、陳完齊に奔る。懿仲之に妻せんと欲し、之をトするに吉なり。曰く、『是れ鳳皇于《ここ》に飛び、和鳴鏘鏘《そうそう》たりと謂ふ。有嬀の後、將に姜に育まれ、五世其れ昌え、正卿に竝び、八世の後、之と與に京《おお》いなるは莫からんとす』と。卒に之に妻《めあ》はす。完卒し、謚して敬仲と爲す。六世にして田常に至る。田常簡公を弑し、簡公の弟を立て平公と爲し、乃ち齊の安平以東を割き、己が封邑と爲し、始めて齊より大なり。　漢書(8)に曰く、漢の五年、項に尅ち、天下乃ち平げば、始めて功を論ず。侯たる者百四十有三人。時に人民散亡し、大侯も萬戶に過ぎず。封爵の誓に曰く、『黃河をして帶の如く、太山をして礪《といし》の如からしむるまでせん』と。是に於て申《かさ》ぬるに丹書の信を以てし、重ぬるに白馬の盟を以てす。之を宗廟に藏し、副は有司に在り。　又(9)曰く、陳平凡そ六たび奇計を出だし、輒ち封を益し、凡そ六たび家を益す。　又(10)曰く、高祖項伯等四人を封じ、列侯と爲し、姓劉氏を賜ふ。　又(11)曰く、項羽曰く、『吾聞く、漢は我が頭を千金・邑萬戶に購《あがな》ふと。吾公の爲に之を得しめん』と。乃ち自剄す。王翳《おうえい》其の頭を取り、揚喜・呂馬童・郎中の呂勝・楊武、各〻一體を得。故に其の地を分け、以て五人を封じ、皆列侯なり。　東觀漢記(12)に曰く、上耿丹《こうたん》に謂ひて曰く、『今關東の故王の國、數あると雖も、櫟陽《やくよう》萬戶の邑に過ぎず。夫れ富貴にして**十二頁**故鄉に歸らざるは、繡《にしき》を衣《き》て夜行するが如し。故に以て卿を封ずるのみ』と。　又(13)、竇融を封じて曰く、『五郡の積兵を率厲し、羌胡畢《ことごと》く至り、兵は刃を血ぬらず、而して虜は土崩瓦解す。功は既に大なり。意を篤くして分明、之を斷ずるに疑はず。吾甚だ之を嘉す。其れ六安の安豐・陽泉・蓼《りょう》・安風の四縣を以て、融を封じて安豐侯と爲す』と。　又曰く[14]、三輔の豪傑長安に入り、未央宮を攻む。庚戌、莽を漸臺に殺す。東海の公賓就 其の首を得、宛に傳詣せば、滑侯に封ぜらる。又曰く[15]、班超 西域の五十餘國を定す。乃ち超を封じて定遠侯と爲す。魏志に曰く[16]、夏侯惇、文帝 惇の功を追思し、子孫をして畢《ことごと》く侯とし、邑千戸を分たんと欲せば、惇の七十二孫に賜ひ、皆關內侯なり。惇の弟廉及び子の楙《ぼう》は、素《もと》より列侯なり。　又[17]、曹眞 字は子丹。功を以て邵陵侯に封ぜらる。曹眞少きより宗人の曹遵・鄉人の朱讚と、竝《とも》に太祖に事ふるも、早に亡《し》す。眞之を愍《あわれ》み、食邑を分かち、遵等の子を封ぜんことを乞へば、曰く、『大司馬に叔向撫孤の仁・晏平久要の分有り。遵等の子に分賜し、關內侯に爵するを聽《ゆる》す。』と。眞の薨ずるに及び、明帝悉《ことごと》く眞の五子を封ず。皆列侯なり。　又曰く[18]、太祖 荀彧を表封し、萬歲亭侯と爲す。太祖又彧に書を與へて曰く、『君の相《あい》匡弼《きょうひつ》し、君の相《あい》人を擧ぐるを爲し、君の相與《とも》に計を建て、君の相密謀すること、亦た已に多し。大功は未だ必ずしも野戰のみならざるなり』と。十二年、復た邑を增し、合はせて二千戸なり。　又曰く[19]、大祖 荀攸を表封し、曰く、『前後 敵に剋つは、皆攸の謀なり』と。是に於て攸を陵樹亭侯に封ず。　又曰く[20]、太祖 柳城より還り、攸の舍に過ぎり、攸の前後の謀を稱《ほ》めて曰く、『昔高祖は張子房をして、自ら齊の三萬戸を擇ばしむ。今孤も亦た自ら封ずる所を擇ばしめんと欲す』と。　又曰く[21]、郭嘉 字は奉孝。冀州平ぎ、洧陽《いよう》亭侯に封ぜらる。薨ずるに及び、太祖表して曰く、『良策未だ決せざれば、嘉輒ち之を成す。天下を平定するに、謀功 高しと爲す。宜しく邑を增し、前の千戸に幷《あわ》すべし。』と。　又曰く[22]、任峻 字は伯遠。典農中郎と爲り、大いに屯田を興し、軍國 饒《ゆたか》を致す。大祖 峻の功高きを以て、都亭侯に表封す。　又曰く[23]、朱靈 字は文博。鄃《しゅ》侯に封ぜらる。文帝曰く、『將軍は先帝を佐命し、威は方・邵に過ぐ。平王の志す所、願はくば難言する勿れ。』と。靈謝して曰く、『高唐宿は願ふ所。』と。乃ち更めて高唐侯に封ず。**【詔】** 後漢の獻帝の詔に[24]、鎭東將軍・領兗州牧・費亭侯・故特進に勅す。顯かに上將を授くるは、鈇鉞《ふえつ》の任、復た舊土に食ましむるは、雙金の寵、一州を董統するは、委成の重なり。榮曜昭示は、亦た優崇を以てし、節を投じ命を效《いた》すは、自百の秋《とき》なり。　又[25]、詔書あり、鎭東將軍に拜し、費亭侯を襲せしむ。『曹操、業は忠貞を履み、輔は王室に幹たり。頃《さき》に凶暴に遭ひ、海內離[十三頁]析せしに、操 義を執り黃巾を討截《とうせつ》し、國の爲に命を出だす。夫れ祿は功を賞するを以てし、罰は否を絀《しりぞ》くを以てす。今 操を以て鎭東將軍と爲し、兗州牧を領し、父の費亭侯嵩の爵、幷びに印綬・符策を襲《つ》がしむ。』と。　魏の文帝の孫權の太子登に册し東中郎と爲し侯に封ずるの文[26]に曰く、蓋し河洛は天意を寫し、符讖は聖心を述べん。

昭晰著明にして、天と談ずるなり。故に易に曰く、『河 圖を出だし、洛 書を出だし、聖人之に則る』と。孫將軍 心を國朝に歸し、忠亮の節、功を佐命に同《ひと》しくす。而して其の子の當に魏の將軍爲るべきは、著かに圖讖に在り。猶ほ漢の光武受命し、李氏 輔と爲り、王梁・孫咸、竝びに符緯に見ゆるがごときなり。斯れ乃ち皇天 祐を大魏に啓き、永く孫氏をして世を仍《かさ》ねて佐爲らしむるなり。其れ登を以て東中郎將と爲し、縣侯萬戶に封ず。昔 周は公旦を嘉し、祚《さいわい》は七胤に流れ、漢は蕭何を禮し、一門に十侯あり。今 孫將軍も亦た當に斯の如くなるべし。夫《か》の長平の榮・安豐の寵の若きも、斯《これ》に方《くら》ぶれば蔑如たり。陳の徐陵の武帝を進めて長城公と爲すの詔[27]に曰く、德は官に懋懋《ぼうぼう》たり、功は賞に懋懋たり。皇王の盛則は、所謂元龜なり。司空公・南徐州刺史・長城縣開國侯、諱。志懷は夤亮《いんりよう》、風度は弘遠。文を體し武を經し、明允驚（篤《とく》）誠たり。曩者《さき》に五嶺の疆兵を率ゐ、四海の讎敵を誅す。固く以て功を彝鼎に勒《きざ》み、勳を太常に書す。克く京師を定め、勤勞自ら重し。自ら枌楡を鎭撫し、永く豐沛を寧《やす》んず。東京 既に息ひ、北蔡 歸する無し。代馬・燕犀、氣は天下に雄たり。裹糧《かりよう》・坐甲、固より是の求めに敵ふ。方に大いに秦崤《しんこう》を討ち、敦く輿睦を脩めんと欲す。上相と叶謀《きようぼう》し、爰《ここ》に朕が躬に納めらる。敬みて忠勳に答へ、用て朝典に申ぶる所以を思へば、爵を進めて長城縣公と爲す可し。【表】宋の謝靈運の康樂侯に封ぜらるるを謝するの表[28]に曰く、昔強互（氐《てい》）は暴虐にして、恃《たの》みて暦紀を僭す。既に五都を噬《くら》ひ、志は六合を呑む。遂に西河を陷沒し、南漢を傾覆す。紀郢を淩籍し、淮泗を越跨す。時に于て策畫惟れ疑ひ、地險しく已に謝す。咸《みな》懼る、君臣同に泯《ほろ》び、有生餘無きを。亡祖 國の威靈を奉じ、符を戎重に董《ただ》す。心を盡くして事ふる所、剋く禍亂を黜《しりぞ》く。功は盤鼎に參し、胙土《そど》南服あり。臣の身に至るに逮びては、値《た》だ泰路に遭ふのみ。日月 暉《かがやき》を改め、榮落代ゝ《かはるがはる》運る。稅を唐化に輸《ゆ》し、生きながら幸に已むこと無し。天道下に濟《すく》ひ、鴻均《ひと》しく曲成するを悟らず。乃ち遐績を眷《かえり》みて、式《もっ》て是れ徵を興す。分虎鈿龜は、復た茅土を顯にす。玉を拖紱《たふつ》に鳴らし、景を元動に班《つら》ぬ。澤《めぐみ》は往德よりも洽《あまね》く、恩は來胤よりも覃《ふか》し。永く先蹤を惟《おも》ひ、遠く崩結に感ず。豈に臣の尪弱《おうじやく》、忝《かたじけな》きも承くるに當たる所ならんや。臣聞く、『至公無私、善を甄《あらは》して一に則る』と。皇恩遠く被り、殊代侔《ひと》しかる可し。是《ここ》を以て信陵の賢は、簡《やす》く高祖の心に在り、望諸の道は、復た隆漢の封を獲たり。史を觀て古を歎じ、茲の盛美を欽《よみ》す。豈に謂《おも》はん榮《えい》

十四頁 渥《あく》、微躬を霑《うるほ》すに近きを。宗を傾け元を殞《おと》すも、心は其の會するを識る。酬恩答ふること厚く、由る所を知る罔し。宋の顏延之の子の竣の建城侯に封ぜられるるを謝するの表[29]に曰く、伏して策書を見るに、錫を息の竣に降すは、開國建城縣侯とし、爵は三等を踰え、戶は千を兼ぬるを越ゆ。生まれながらにして洪禮を邀《むか》へ、身は盛世に

茂る。闔宗《こうそう》 聽くを革め、盡室 觀るを改む。誠に慙づ、末品にして誤りて其の泰に參ずるを。臣聞く、『子の能く仕ふるや、父之に忠を敎へ、忠敎ふれば善く信ず』と。臣實に其の前誥《ぜんこう》を負ひ、能く仕へて政に志す。竣は固より明試に暗く、徒《た》だ以て數〻《しばしば》會昌に遇ふのみ。憂を消し聖を啓《ひら》き、幸に靈祚福德に與《あずか》る。共に義動に從りて賞を分け、珪を執りて朝に登り、金を析《さ》きて邑を受く。慶重くして愆《あやま》てるを慮り、恩往きて積もるを懼る。臣が髦蔽《ぼうへい》に非ざれば、任ずる所 報を圖るも、豈に竣は庸薄、能く奉服する所あらんや。　梁の沈約の建昌侯に封ぜらるるを謝するの表に曰く、(30)陛下 袂を萬里に投じ、厥の塗炭を拯《すく》ふ。臣 心は堯に吠えずと雖も、而も迹は桀犬に淪《しず》む。此れ則ち王業の始基にして、臣の與らざる所なり。徒《いたずら》に日月の私を荷ひ、竟《つい》に蒸燭の用無し。天 玄鳥に命ずるは、止《た》だに今日のみに非ず。命を受け周を作《おこ》すは、其の來るや久し。復た數に備へて樂推《らくすい》し、與《とも》同に謳頌すと雖も、而れども誠に微弱の草は、纖塵を闚《のぞ》くに效《なら》ふ。遂に山河の誓を班《わ》け、佐命の賞を叨《かたじけな》くす。亦た何を以て帷帳に慰悦《いえつ》し、爪牙に酬報せん。

《注》

（1）周禮卷七、夏官司馬第四、司勳。（2）史記卷十八、高祖功臣侯者年表第六。（3）史記卷三十二、齊太公世家第二。（4）史記卷三十四、燕召公世家第四。（5）史記卷四十、楚世家第十。（6）史記卷四十四、魏世家第十四。（7）史記卷四十六、田敬仲完世家第十六。（8）漢書卷十六、高惠高后文功臣表第四。「田常」以下は卷三十二、齊太公世家第二。（9）漢書卷四十、陳平傳第十。（10）漢書卷一下、高帝紀下・同卷三十一、項籍傳第一。（11）漢書卷三十一、項籍傳第一。（12）武英殿聚珍版叢書に收む。但し、東觀漢記は景丹とす。（13）武英殿聚珍版叢書に收む。（14）武英殿聚珍版叢書に收む。（15）武英殿聚珍版叢書に收む。（16）三國志卷九、夏侯惇傳。（17）三國志卷九、曹眞傳。（18）三國志卷十、荀彧傳。但し、「太祖又」より「野戰也」までは裴松之注所引彧別傳の文。（19）三國志卷十、荀攸傳。（20）逸文。（21）但し、三國志卷十、荀攸傳の裴松之注所引魏書に略同文有り。（22）三國志卷十四、郭嘉傳。（23）三國志卷十六、任峻傳。（23）逸文。但し、三國志卷十七、徐晃傳の裴松之注所引魏書に類似の同文有り。（24）全後漢文卷八を參看。（25）全後漢文は「詔敕曹操領兗州牧」と題す。全後漢文卷八を參看。（26）全後漢文は「詔曹操襲費亭侯」と題す。全三國文卷六を參看。（27）徐孝穆集卷二。（28）全宋文卷三十二を參看。（29）全宋文卷三十六を參看。（30）全梁文卷二十七を參看。

十五頁

遜讓封

左氏傳曰會于戚討曹成公也*諸侯將見子臧於王而立之子臧*曰前志有之曰聖達節次守節下失節爲君非吾節也*遂逃奔宋　又曰吳*諸樊既除喪將立季札季札辭曰曹宣公之卒*諸侯*不義曹君將立子臧子臧去之*君子曰能守節*也誰敢姦*君有國非吾節也*棄其室而耕　韓子曰楚莊王既勝晉*于河雍歸而賞孫叔敖*叔敖請漢閒之地沙石之處楚國*之法祿臣再世*收*唯叔*敖獨存*九世而祀不絕　漢書曰韋賢薨子*玄成*當爲嗣心*知*非賢*卽乃*佯*狂*妄語*笑*既*葬當襲爵*玄成素有名*疑其欲讓*兄*遂*奏*劾*之*玄成不得已乃*受侯*爵　東觀漢記曰竇融數辭爵位又上疏曰臣有一子質性頑鈍何況乃當傳以連城廣土享諸侯之國哉他日會見遞詔曰欲讓職還土今相見不宜論也　又曰桓榮卒子郁當襲爵讓於兄子顯宗不許不得已受封而悉以租入與之　又曰丁綝從上渡河及封功臣上令各言所樂謂綝曰諸將皆欲縣子獨求鄉何也曰綝昔孫叔敖勑其子受封必求磽确之地今綝能薄功微得鄉亭厚矣上從之封爲定陵新安鄉侯後徙封陵陽侯　又曰張純臨終謂家丞曰吾無功於時猥蒙爵土身死之後勿議傳國爵子奮上詔奮嗣爵奮稱純遺旨固不肯受帝以奮違詔收下獄奮乃襲封　又曰帝欲封樊興置印綬於前興固讓曰臣未有先登陷陣之功而一家數人竝蒙爵土今天下觖望上嘉興之讓不奪其志　又曰上欲封諸舅馬太后輒斷絕曰計之熟矣有疑至孝之行安親爲上今遭變異穀價數倍憂惶晝夜不安坐臥而欲封爵違逆慈母之拳拳吾素剛急有胸中氣不可不愼穰歲之後唯子之志

《校異》

②「也」の下に四十二字有り。「臧」の下に「辭」の字有り。

③「也」の下に「雖不能聖敢失守乎」の八字有り。「吳」の下に「子」の字有り。「卒」の下に「也」の字有り。「侯」の下に「與曹人」の三字有り。

④「之」の下に「遂弗爲也以成曹君」の八字有り。「節」の下に「君義嗣」の三字有り。「姦」を「奸」に作る。「也」の下に「札雖不才願附於子臧以無失節固立之」の十六字有り。「晉」を「狩」に作る。

⑤「叔」の上に「孫」の字有り。「國」を「邦」に作る。「世」の下に「而」の字有り。「收」の下に「地」の字有り。「叔」の上に「孫」の字有り。「存」を「在此不以其邦爲收者瘠也故」の十二字に作る。

⑥「子」の字無し。「成」の下に「在官聞喪又言」の六字有り。「心」を「玄成深」の三字に作る。「知」の下に「其」の字有り。「賢」の下に「雅意」の二字有り。「乃佯」を「陽爲病」の三字に作る。「狂」の下に「臥便利」の三字有り。「語笑」を「笑語」に作る。「既」の上に「昬亂徵至長安」の六字有り。「爵」の下に「以狂不應召大鴻臚奏狀章下丞相御史案驗」の十八字有り。「名」の下に「聲士大夫多」の五字有り。「讓」の下に「爵辟」の二字有り。「兄」の下に百二十二字有り。「遂」の下に「以玄成實不病」の六字有り。「奏劾」を「劾奏」に作る。

吾但當含飴弄孫不能復知政　魏志曰田疇從*太*祖*入*盧*龍*塞*太祖獨*欲侯之疇素與夏侯惇善太祖語惇曰且往以情喩之*答曰*豈可賣盧龍*塞以易賞祿哉縱國私疇疇獨不愧於心乎*涕泣橫流惇具答太祖太祖喟然知不可屈乃拜爲議郎　晉起居注曰故南城侯羊祜固辭歷年志不可奪身沒讓存遺操益厲此亦夷齊所稱賢也今聽復本封以彰厥美【表】齊謝朓爲齊明帝讓封宣城公表曰如其懸旌灞滻刷馬伊穀灑酒望屬車之塵整笏侍升平之禮陛下訏謨玄覽欽若宏圖鑑臣匪躬共申彝訓雖量能之請近遂微躬則弘長之風足軌來世　梁簡文帝爲子心讓當陽公表曰日蝕之餘無黃童之對荷戟入榛異子烏之辯遂復早建茅社夙開井賦爵列五等綬參四色　又帝爲子大款讓石城公表曰詭對鶴書俯羞鵷翼臣生處深宮未覿焦原之險不出戶庭豈觀砥柱之峻臣聞坳塘汎水豈議大瀆之流覆簣爲峯終乖小魯之說　又爲長子大器讓宣城王表曰襄野之辯尙對軒君弘羊之計猶干漢主徒以結慶璿源乘蔭霄極一日千里困騏驥之馳高陰百尺藉雲崖之遠熙祖流聰慧之稱方建臨淮之國元仲表岐嶷之姿乃啓平原之封南郡奥部春穀名區民化仲翔之俗山峻陵陽之嶺而綠車赤綬交映相暉金璽銀券炤灼光彩　梁江淹爲齊高帝讓進爵爲王表曰昔慮*思勤夏不別*殊物之錫晉叔臣周豈頒上公之典魯*蕃*懿親裁蒙袞寫*之榮梁國戚屬方忝旌旗之貴　梁任昉爲齊明帝讓宣城郡公表曰臣本庸才智力淺短太祖高皇帝篤猶子之愛降家人之慈世祖武皇帝情等布衣寄深同氣武皇大漸實奉話言雖自見之明庸近所蔽愚夫*至此*已實不忍自固於綴衣之辰推*違於玉几之側遂荷願*

《校異》

①「從太祖入盧龍塞」の七字無し。「獨」を「猶」に作る。

②「之」の下に四十八字有り。「曰」の下に二十二字有り。「龍」の下に「之」の字有り。「乎」の下に二十六字有り。

⑧「慮」を「虞」に作る。「別」を「列」に作る。「魯蕃」を「燕藩」に作る。「寫」を「舄」に作る。

⑮「夫」の下に「一」の字有り。「此」を「偏識量」の三字に作る。「推」を「拒」に作る。「願」を「顧」に作る。

十七頁

託道*揚末命雖嗣君棄*常獲罪宣德王室不造職臣之由何者親則東牟任惟博陸徒懷子孟社稷之對何救昌邑爭臣之譏四海之議於何逃責且陵土未乾訓誓在耳家國之事一至於斯非臣之尤誰任其咎將何以肅拜高寢虔奉武園悼心失圖泣血待旦寧容復徼榮於愧*恥晏*安於國危*且虛飾寵章委成禦侮臣知不愜物誰謂攸*宜*命輕鴻毛責重山岳存沒同歸毀譽一貫辭一官不減身累增一職已贖*朝經便當自同體國不爲飾讓至於功均一匡賞同千室光宅近甸奄有全邦殞越爲期弗敢聞命亦願曲留降鑑卽垂順許*乃*君臣之道綽有餘裕苟曰易照*敢守難奪　梁沈約爲柳世隆讓封公表曰臣聞懸旌玉塞貳師尚黜其功伐鼓炎州伏波猶懼其賞徒以兼委之施或難固辭抽心之情必無雙奪是故俛容靑閣願還慈於裂壤竊步丹墀希收寵於開賦昔竄命窮雉難迫勢孤沈板末難負戶非切及顧溫靑之館懼結尊慈之懷累葉喁喁擧門惴惴臣事逼君親理非外禮實賴朝謨謹肅宰略遐震奔鯨外剿臣何力焉幸得扶老攜弱重出幽堵還軸歸驂再踐鄕路豈可資國眚以邀其功因家功而饗其報遂使甘霜受電之心有同於飾請皎日大河之志匪殊於貌謁　**【書】**　魏武帝上書讓增封曰無非常之功而受非常之福是用憂結比章歸聞天慈無已未卽聽許臣雖不敏猶知讓不過三所以仍布腹心至于四五上欲陛下爵不失實下爲臣身免於苟取　又上書讓封曰臣誅除暴逆克定二州四方來貢以爲臣之功蕭相國以關中之勞一門受封鄧禹以河北之勤連城食邑考功效實非臣之勳臣祖父中常侍侯時但從輦扶翼左右既非首謀又不奮戟竝受爵封曁臣三葉臣聞易豫卦曰利建侯行師有功乃當進立

《校異》

①「道」を「導」に作る。「棄」を「弃」に作る。

③「愧」を「家」に作る。「晏」を「宴」に作る。「危」の下に二十六字有り。

④「攸」の字無し。「宜」の下に「但」の字有り。「贖」を「黷」に作る。「殞」を「隕」に作る。「弗」を「不」に作る。

⑥「許」の下に「鉅平之懇誠彌固永昌之丹慊獲申」の十四字有り。「乃」の下に「知」の字有り。「照」を「昭」に作る。

以爲諸侯也又訟卦六三曰食舊德或從王事謂先祖有大德若從王事有功者子孫乃得食其祿也伏惟陛下垂乾坤之仁降雲雨之潤遠錄先臣扶掖之節採臣在戎犬馬之用優策褒崇光曜顯量非臣尪頑所能而堪　又上書讓費亭侯曰臣伏讀前後策命既錄臣庸才微功乃復退述先臣幽讚顯揚見得思義屛營怖懼未知首領所當所授故古人忠臣或有連城而不辭或有一邑而違命所以然者欲必正其名也又莫制諸侯國土以絶子孫有功者當更受封君行增襲其有所增者謂國未絶也或有所襲者謂先祖功大也數未極無故斷絶故追紹之也臣自三省先臣雖有扶輦微勞不應受爵豈逮臣三葉若錄臣關東微功皆祖宗之靈祐陛下之聖德豈臣愚陋何能克堪　又上書讓增封武平侯及費亭侯曰伏自三省姿質頑素材志鄙下進無匡輔之功退有拾遺之美雖有犬馬微勞非獨臣力皆由部曲將校之助陛下前追念先臣微功使臣續襲爵土祖考蒙光照之榮臣受不貲之分未有絲髮以自報效昔齊侯欲更晏嬰之宅嬰曰臣之先容焉臣不足以繼之卒違公命以成私志臣自顧省不克負荷食舊爲幸雖上德在弘下有因割臣三葉累寵皆統極位義在殞越豈敢飾辭

《校異》

なし

遜讓封

左氏傳[1]に曰く、戚に會すは、曹の成公を討つなり。諸侯將に子臧を王に見えしめて之を立てんとす。子臧曰く、『前志に之有りて曰く、「聖は節に達し、次は節を守り、下は節を失ふ」と。君と爲るは吾が節に非ざるなり』と。遂に逃れて宋に奔る。又曰く[2]、呉の諸樊既に喪を除かれ、將に季札を立てんとす。季札辭して曰く、『曹の宣公の卒するや、諸侯 曹君を義とせず、將に子臧を立てんとするも、子臧之を去る。君子曰く、「能く節を守ればなり」と。誰か敢へて君を姦《おか》さんや。國を有するは吾が節に非ざるなり』と。其の室を棄てて耕す。韓子[3]に曰く、楚の莊王、既に晉に河雍に勝ち、歸りて孫叔敖を賞す。叔敖漢閒の地、沙石の處を請ふ。楚國の法は、臣に祿するに再世にして收めしむ。唯だ叔敖のみ獨り九世に存し、而も祀絶えず。漢書[4]に曰く、韋賢薨じ、子の玄成當に嗣と爲るべきも、心に賢に非ざるを知り、卽乃《すなわ》ち佯《いつわ》りて狂し、語笑を妄りにす。既に葬られ、爵を襲《つ》ぐに當たり、玄成素より名有り。其の兄に讓らんと欲せんかと疑ひ、遂に之を奏劾す。玄成已むを得ず、乃ち侯の爵を受く。東觀漢記[5]に曰く、竇融數〻爵位を辭す。又上疏して曰く、『臣に一子有り、質性は頑鈍、何ぞ況や乃ち當に傳ふるに連城廣土を以てし、諸侯の國を享くるべきをや』と。他日會見するに、詔を遞（迎《むか》）へしめて曰く、『職を讓り土を還さんと欲するも、今相見れば、宜しく論ずべからざるなり』と。又[6]曰く、桓榮卒し、子の郁 爵を襲ぐに當たり、兄子に讓らんとす。顯宗許さず、已むを得ず封を受くるも、而れども悉く租入を以て之に與《あた》ふ。又曰く[7]、丁綝 上に從ひて河を渡り、功臣に封ぜらるるに及び、上各〻樂しむ所を言はしむ。綝に謂ひて曰く、『諸將皆縣を欲するも、子獨り鄕を求むるは、何ぞや』と。曰綝（綝曰《りんいわ》）く、『昔 孫叔敖、其の子の封を受くるに勑して、必ず磽确《こうかく》の地を求めしむ。今綝 能は薄く功は微にして、鄕亭を得るも厚し』と。上 之に從ひ、封じて定陵新安鄕侯と爲し、後 陵陽侯に徙封す。又曰く[8]、張純終ふるに臨み、家丞に謂ひて曰く、『吾 時に功無きも、猥《みだ》りに爵土を蒙る。身死するの後、議して國爵を傳ふること勿かれ』と。子に奮あり。上 奮に詔して爵を嗣がしめんとするも、奮 純の遺旨と稱して、固く受くるを肯《がへん》ぜず。帝 奮の詔に違へるを以て、收めて獄に下さんとすれば、奮乃ち封を襲ぐ。又曰く[9]、帝 樊興を封ぜんと欲し、印綬を前に置く。興固く讓りて曰く、『臣未だ先登陷陣の功有らず、而も一家の數人、竝びに爵土を蒙れり。今天下觖望《けつぼう》す』と。上 興の讓るを嘉し、其の志を奪はず。又曰く[10]、上 諸舅を封ぜんと欲す。馬太后輒ち斷絶して曰く、『之を計りて熟せよ。至孝の行《おこなひ》を疑ふこと有るも、親を安ずるを上と爲せ。今 變異に遭ひ、穀の價《あたひ》數倍たり。憂惶すること晝夜、坐臥を安ぜず。而るに封爵せんと欲するは、慈母の拳拳たるに違逆す。吾素《もと》より剛急にして、胸中の氣有り。愼まざる可からず。穰歲の後、子の志を唯《おも》ひ、[十六頁]吾但だ當に飴を含み孫と弄すべきのみにして、復た政を知ること能はざらん』と。　魏志(11)に曰く、田疇 太祖に從ひて盧龍塞に入る。太祖獨り之を侯にせんと欲す。疇素より夏侯惇と善し。太祖 惇に語りて曰く、『且《しば》らく往きて情を以て之に喩《さと》せ』と。答へて曰く、『豈に盧龍塞を賣り、以て賞祿に易ふ可けんや。國を縱《ほしいまま》にし疇に私し、疇獨《なん》ぞ心に愧ぢざらんや』と。涕泣横流す。惇具さに太祖に答ふ。太祖喟然《きぜん》として、屈す可からざるを知り、乃ち拜して議郎と爲す。　晉起居注(12)に曰く、故の南城侯の羊祐（祜）、固辭すること歴年、志奪ふ可からず。身沒するも讓存し、遺操益ゝ《ますます》厲《はげ》しきは、此れ亦た夷齊の賢と稱する所なり。今本封に復するを聽《ゆる》し、以て厥の美を彰《あきら》かにす。【表】其《か》の齊の謝朓の齊の明帝の爲に宣城公に封ぜらるるを讓るの表(13)に曰く、其の旌を灞滻に懸け、馬を伊穀に刷《す》き、酒を灑《そそ》ぎ屬車の塵を望み、笏を整へ升平の禮に侍するが如きは、陛下の訏謨《くぼ》玄覽、欽《つつし》みて宏圖に若《したが》ふ。臣の匪躬に鑑み、共に彝訓を申《かさ》ぬ。量能の請は、微躬を遂《と》ぐに近しと雖も、則ち弘長の風は、來世に軌《わだち》するに足れり。　梁の簡文帝の子の心の爲に當陽公を讓るの表(14)に曰く、日蝕の餘に、黄童の對無し。戟を荷ひ入り榛《あつ》まるに、子を異にし烏《いずく》んぞ之れ辯ぜん。遂に復た早に茅社を建て、夙に井賦を開き、爵は五等に列し、綬は四色を參ず。　又帝の子の大款の爲に石城公を讓るの表(15)に曰く、詭《たが》ひては鶴書に對し、俯しては鴉（鵶）翼に羞づ。臣は生まれながらにして深宮に處り、未だ焦原の險を覿《み》ず、戶庭より出でざれば、豈に砥柱《しちゅう》の峻を觀んや。臣聞く、『坳塘《おうとう》 水を汎《あまね》くするも、豈に大瀆の流れを議せん、覆簣 峯を爲すは、終に小魯の說に乖る』と。　又長子の大器の爲に宣城王を讓るの表(16)に曰く、襄野の辯は、尙ほ軒君に對へ、弘羊の計は、猶ほ漢主を干《しの》ぐ。徒らに以て慶を瑤源に結び、蔭を霄極に乘ず。一日千里は、騏《き》驥《き》の馳に困しみ、高陰百尺は、雲崖の遠に藉《か》る。熙祖は聰慧の稱を流し、方《まさ》に臨淮の國を建つ。元仲は岐嶷の姿を表し、乃ち平原の封を啓く。南郡の奧部は、春穀の名區。民は仲翔の俗に化し、山は陵陽の嶺より峻《たか》し。而るに綠車赤綬、交ゝ《こもごも》映え相暉き、金璽銀券、炤灼たる光彩あり。　梁の江淹の齊の高帝の爲に爵を進め王と爲すを讓るの表(17)に曰く、昔慮（虞）思は夏に勤め、殊物の錫を別たず、晉叔は周に臣とし、豈に上公の典を頒《わか》たんや。魯蕃は懿親、裁《わず》かに袞寫の榮を蒙り、梁國は戚屬、方に旌旗の貴を忝くす。　梁の任昉の齊の明帝の爲に宣城郡公を讓るの表(18)に曰く、臣本より庸才、智力は淺短。太祖高皇帝、猶子の愛を篤くし、家人の慈を降す。世祖武皇帝、情は布衣に等しく、寄すること同氣より深し。武皇大漸し、實に話言を奉ず。自見の明ありと雖も、庸近に蔽《おお》はる。愚夫此《ここ》に至り、已に實に自ら綴衣の辰《とき》に固くし、違を玉几の側に推すに忍びず。遂に願[十七頁]託を荷ひ、末命を道揚す。嗣君常なるを棄て、罪を宣德に獲と雖も、王室の不造、職《もっぱ》ら臣に之れ由る。何となれば、親は則ち東牟、任は惟れ博陸。徒らに子孟の社稷の對を懐《おも》ふも、何ぞ昌邑の争臣の譏《そしり》を救はんや。四海の議、何に於てか責めを逃れん。且つ陵土未だ乾かず、訓誓耳に在り。家國の事、一《もっぱ》ら斯《ここ》に至り、臣の尤《とが》に非ずんば、誰か其の咎に任ぜん。將《は》た何をか以て高寢に肅拜し、武園に虔奉《けんぽう》せん。悼心《とうしん》して圖を失ひ、泣血《きゅうけつ》して旦を待つ。寧んぞ容《まさ》に復た榮を愧恥《きち》に徼《むか》へ、安を國危に晏《やす》んずべけんや。且つ寵章を虚飾し、禦侮を委成するは、臣 物に愜《かな》はざるを知るも、誰か宜しき攸《ところ》と謂はん。命は鴻毛より輕く、責は山岳より重し、存沒は同に歸し、毀譽は一に貫く。一官を辭するも身累《しんるい》を減らさず、一職を增すも已に朝經を瀆（黷《けが》）す。便《すなわ》ち當に自ら體國を同じくし、飾讓を爲さざるべし。功は一匡を均しくし、賞は千室に同じく、近甸に光宅し、全邦を奄有するに至りては、殞越《いんえつ》を期と爲すも、敢へて命を聞かず。亦た願はくは曲げて降鑑を留め、卽ち順許を垂れんことを。乃ち君臣の道、綽として餘裕有り、苟くも照らし易しと曰はば、敢へて奪ひ難きを守らん。 梁の沈約の柳世隆の爲に公に封ぜらるるを讓るの表[19]に曰く、臣聞く、『旌を玉塞に懸くるも、貳師尚ほ其の功を黜《しりぞ》け、鼓を炎州に伐《う》つも、伏波猶ほ其の賞を懼る』と。徒だ兼委の施、或いは固辭し難く、抽心の情、必ず雙奪無きを以てするのみ。是の故に俛《ふ》して靑閣を容《かたちづく》り、慈を裂壤に還さんことを願ひ、竊かに丹墀《たんち》を歩み、寵を開賦に收めんことを希《こいねが》ふ。昔《むかし》命を窮雉に竄《かく》し、迫り難きの勢は孤なり。板を末難に沈め、戸を負ふの非は切なり。溫靑の館を顧みるに及び、尊慈の懷を結ぶを懼る。累葉は喁喁《ぎょうぎょう》、擧門は惴惴《ずいずい》たり。臣 事は君親に逼られ、理は外禮に非ず、實に朝謨の謹肅、宰略の遐震を賴る。奔鯨をば外剿《がいそう》するは、臣何ぞ焉《これ》に力あらん。幸ひに老を扶け弱を攜へ、重ねて幽堵《ゆうと》を出で、軸を還し驂を歸し、再び鄕路を踐むを得るは、豈に國眚《こくせい》を資け、以て其の功を邀《もと》め、家功に因りて其の報を饗く可けんや。遂に甘霜受電の心をして、飾請に同《ひと》しくすること有らしめ、皎日《こうじつ》大河の志をして、貌謁に殊にするに匪ざらしむ。

【書】魏の武帝の書を上りて增封を讓る[20]に曰く、非常の功無く、而るに非常の福を受く。是《ここ》を用《もっ》て憂結し、章を比《つら》ね歸聞するも、天慈已む無く、未だ聽許に卽かず。臣 不敏と雖も、猶ほ讓ること三たびするに過ぎざるを知るも、仍《しき》りに腹心を布き、四五するに至る所以は、上は陛下の爵するに實を失はざるを欲し、下は臣身の苟しくも取るに免がるるを爲せばなり。 又書を上りて封を讓る[21]に曰く、臣は暴逆を誅除し、克く二州を定む。四方來貢し、以て臣の功と爲す。蕭相國は關中の勞を以て、一門 封を受け、鄧禹は河北の勤を以て、連城 邑を食む。功を考へ實を效《いた》せば、臣の動に非ず。臣の祖父は中常侍侯、時に但だ輦に從ひ、左右を扶翼し、既に首謀に非ず、又奮戟せず。竝《とも》に爵封を受け、臣に曁《およ》ぶまで三葉。臣聞く、『易の豫の卦に曰く、「侯を建て師を行《や》るに利《よろ》し」とは、功有らば乃ち、當に進めて立て

十八頁 以て諸侯と爲すべきなり。又訟の卦の六三に曰く、「舊德を食む、或いは王事に從ふ」とは、先祖に大德有り、若しくは王事に從ひ功有る者は、子孫乃ち其の祿を食むを得るを謂ふなり』と。伏して惟《おも》んみるに、陛下 乾坤の仁を垂れ、雲雨の潤を降《くだ》さる。遠きは先臣の扶掖の節を錄し、臣の在戎犬馬の用を採る。優策は褒崇、光曜は顯量なるも、臣が尫頑《おうがん》の能くして堪ふる所に非ず。　又書を上りて費亭侯を譲るに(22)曰く、臣伏して前後の策命を讀むに、既に臣の庸才微功を錄す。乃ち復た先臣を退（追）述し、幽讃顯揚す。得るを見て義を思ひ、屛營怖懼す。未だ首領の當たる所授かる所を知らず。故に古人・忠臣、或いは城を連ぬるも辭せざる有り、或いは一邑にして命に違ふ有り。然る所以の者は、必ずや其の名を正さんと欲せばなり。又制莫くんば、諸侯の國土以て絕ゆ。子孫に功有れば、當に更めて封を受くべく、君增襲を行ふ。其の增す所有る者は、國未だ絕えざるなりと謂ふ。或いは襲ぐ所有る者は、先祖の功大なりと謂ふ。數《すう》未だ極まらず、故無くして斷絕す。故に之を追紹するなり。臣自ら三省するに、先臣に扶輦の微勞有りと雖も、爵を受くるに應《あた》らず、豈に臣の三葉に逮ばんや。臣の關東の微功を錄するが若きは、皆祖宗の靈祐、陛下の聖德なり。豈に臣が愚陋《ぐろう》、何ぞ能く克く堪ふるところならんや。　又書を上りて武平侯及び費亭侯に增封するを譲るに(23)曰く、伏して自ら三省するに、姿質は頑素、材志は鄙下《ひか》、進みては匡輔の功無く、退きては拾遺の美有り。犬馬の微勞有りと雖も、獨だに臣の力のみに非ず。皆部曲將校の助に由るなり。陛下は前に先臣の微功を追念し、臣をして爵土を續襲せしむ。祖考は光照の榮を蒙り、臣は不貲《ふし》の分を受くるも、未だ絲髪も以て自ら報效すること有らず。昔齊侯は晏嬰の宅を更めんと欲す。嬰曰く、『臣の先焉《ここ》に容れらるるも、臣は以て之を繼ぐに足らず』と。卒に公命に違ひ、以て私志を成す。臣は自ら顧省するに、負荷に克へず、舊《ふる》きを食むを幸と爲す。上は德 弘に在りと雖も、下は因割有り。臣は三葉 寵を累ね、皆極位を統ぶ。義は殞越《いんえつ》に在れば、豈に敢へて辭を飾らんや。

《注》

（1）左傳卷十三、成公十五年。（2）左傳卷十五、襄公十四年。（3）韓非子卷七、喩老第二十一。（4）漢書卷七十三、韋賢傳第四十三。（5）武英殿聚珍版叢書に收む。（6）武英殿聚珍版叢書に收む。（7）武英殿聚珍版叢書に收む。（8）武英殿聚珍版叢書に收む。（9）武英殿聚珍版叢書に收む。但し、東觀漢記は陰興とす。（10）武英殿聚珍版叢書に收む。（11）三國志卷十一、田疇傳。（12）逸書考（子史鉤沈）を參看。（13）全齊文卷二十三を參看。（14）全梁文卷九を參看。全梁文は「爲子大心譲當陽公表」と題す。（15）全梁文卷九を參看。全梁文は「爲子大款譲石城公表」と題す。（16）全梁文卷九を參看。（17）

江文通文集巻九。文集は「蕭相國讓進爵爲王第二表」と題す。(18)文選巻三十八。文選は「爲齊明皇帝作相讓宣城郡公第一表」と題す。(19)全梁文巻二十七を參看。(20)全三國文巻一を參看。(21)全三國文巻一を參看。(22)全三國文巻一を參看。(23)全三國文巻一を參看。

十九頁

外戚封

史記曰武帝衞后弟青封長平侯四子皆封侯貴震天下天下歌曰生男無喜生女勿怒獨不見衞青子夫霸天下　漢書曰漢興外戚與定天下侯者三人后父據春秋褒紀之美帝舅緣大雅申伯之恩浸廣博矣　又曰高祖封呂后父呂公爲臨泗侯兄澤爲周呂侯　又曰文帝封后弟薄昭爲軹侯又封齊淮南王舅駟鈞等二人爲侯　又曰景帝封太后弟姪竇廣國爲章武侯竇彭祖爲南皮侯竇嬰以破吳楚功封魏其侯后弟王信爲益靜侯　又河平二年上悉封舅譚爲平阿侯商成都侯根曲陽侯逢時高平侯立紅陽侯五人同日封故世謂之五侯　又曰武帝封太后同母弟田蚡爲武安侯勝周陽侯皇后姊子霍去病伐匈奴封冠軍侯　東觀漢記曰馬防兄弟三人各六千戸防爲潁陽侯特以前參醫藥勤勞綏定西羌以襄城羹亭一千二百戸增防防身帶三綬寵貴至盛　又光武封新野王子鄧汎爲吳侯伯父皇皇考姊子周均爲富波侯追封外祖樊重爲壽張侯重子丹爲射陽侯孫茂爲平望侯彝鄉侯從子沖更父侯后父陰隆宣陽侯子識原鹿侯就爲信陽侯皇考女弟子來歙征羌侯弟由宜西侯以寧平公主子李雄爲新市侯后父郭昌爲陽安侯子流緜曼侯兄子竟新郪侯匡發干侯以姨子馮邯爲鍾離侯　又曰明帝封太后弟陰興爲鮦陽侯子傅隱強侯陰盛爲無錫侯楚王舅子許昌龍舒侯　又曰鄧訓自中興後累世寵貴凡侯者二十九人東京莫比　魏志曰文帝欲追封太后母父尙書傅羣議自古無婦人分土命爵之制秦違古法漢氏因之非先王之令典也帝曰此議是也【表】　晉庾亮讓封公表曰

《校異》

②「青」の上に「衛」の字有り。「青」の下に「字仲卿以大將軍」の七字有り。「封」の下に「爲」の字有り。「子」の下に「長子伉爲侯世子侯世子常侍中貴幸其三弟」の十八字有り。「封」の下に「爲」の字有り。「侯」の下に二十字有り。「歌」の下に「之」の字有り。「勿」を「無」に作る。「青」の字無し。

③「三」を「二」に作る。「人」の下に六十八字有り。「美」を「義」に作る。「恩」を「意」に作る。「浸」を「寖」に作る。

④「祖」の下に「爲漢王元年」の五字有り。「呂后父」の三字無し。「侯」の下に百三十五字有り。「文帝」の二字無し。「后弟」を「將軍」に作る。「齊」の字無し。

⑤「舅」の下に「趙兼爲周陽侯齊王舅」の九字有り。「等二人」の三字無し。「爲」の下に「靖郭」の二字有り。「帝」の下に「立皇后爲皇太后乃」の八字有り。「太后弟姪竇」の五字無し。「侯」の下に「長君先死封其子」の七字有り。「竇」を「長君先死封其子」の七字に作る。「侯」の下に「吳楚反時太后從昆弟子」の十字有り。「以」を「俠喜士爲大將軍」に作る。

⑥「功」の字無し。「后弟王信爲益靜侯」の八字無し。「侯」の下に「立紅陽侯」の四字有り。

⑦「立紅陽侯」四字無し。「帝」の下に「卽位爲皇太后尊太后母臧兒爲平原君」の十六字有り。「太后同母弟」の五字無し。「勝」の下に「爲」の字有り。「皇」の上に七百字有り。「姊」を「姉」に作る。

⑧「伐匈奴封」を「亦以軍功」に作る。

⑭「母父」を「父母」に作る。「傅」を「陳」に作る。「議」を「奏」に作る。「自古」の二字無し。「無」の上に二十四字有り。

⑮「制」の下に「在禮典婦因夫爵」の七字有り。

二十頁

《校異》

なし

1　觀聖賢之於名爵敬戒之甚重豈先哲宜重之於古而聖朝可輕之於今耶譬猶廻太陽以消湛露運滄

2　海以灌燎火其功易成其事易立

外戚封

史記[1]に曰く、武帝の衞后の弟青、長平侯に封ぜられ、四子皆 侯に封ぜられ、貴は天下に震ふ。天下歌ひて曰く、『男を生みて喜ぶ無かれ、女を生みて怒る勿れ。獨り衞青・子夫の天下に霸たるを見ざるか』と。漢書[2]に曰く、漢興り、外戚の天下を定むるに與《あずか》り、侯なる者三人。后の父は、春秋褒紀の美に據り、帝の舅は、大雅申伯の恩に緣り、浸《ようや》く廣博たり。　又曰く[3]、高祖 呂后の父呂公を封じ、臨泗《りんし》侯と爲し、兄の澤を周呂侯と爲す。　又曰く[4]、文帝 后の弟薄昭を封じ、軹《し》侯と爲す。又、齊・淮南の王舅、駟鈞《しきん》等二人を封じて侯と爲す。　又曰く[5]、景帝 太后の弟姪竇廣國を封じ、章武侯と爲し、竇彭祖を南皮侯と爲す。竇嬰 吳楚を破るの功を以て、魏其侯に封ぜらる。后の弟王信を盇靜侯と爲す。　又[6]、河平二年、上 悉く舅を封じ、譚を平阿侯と爲し、商を成都侯とし、根を曲陽侯とし、逢時を高平侯とし、立を紅陽侯とす。五人同日に封ぜらる、故に世に之を五侯と謂う。　又曰く[7]、武帝 太后の同母弟田蚡を封じ、武安侯と爲し、勝を周陽侯とす。皇后の姉の子霍去病、匈奴を伐ちて冠軍侯に封ぜらる。　東觀漢記[8]に曰く、馬防の兄弟三人、各〻六千戶、防を潁陽侯と爲す。特に前に醫藥を參じて勤勞し、西羌を綏《すい》定するを以て、襄城・羹《こう》亭一千二百戶を以て防に增す。防身に三綬を帶び、寵貴 至盛なり。　又[9]、光武 新野王の子鄧泛を封じ、吳侯と爲し、伯父皇皇考の姉の子、周均を富波侯と爲し、外祖樊重を追封し、壽張侯と爲し、重の子丹を射陽侯と爲し、孫の茂を平望侯・彝鄉侯と爲し、從子沖を更父侯とし、后の父陰隆を宣陽侯とし、子の識を原鹿侯とし、就を信陽侯と爲し、皇考の女弟の子來 歙《きゅう》を征羌侯とし、弟由を宜西侯とす。寧平公主の子李雄を以て、新市侯と爲し、后の父郭昌を陽安侯と爲し、子の流《しゅう》を緜曼《べんまん》侯とし、兄子の竟を新郪《せい》侯とし、匡を發干侯とし、姨子の馮邯を以て、鍾離侯と爲す。又曰く[10]、明帝 太后の弟陰興を封じ、鮦陽《ちゅうよう》侯と爲し、子の傅を隱強侯とし、陰盛を無錫侯と爲し、楚王の舅の子許昌を龍舒侯とす。　又曰く[11]、鄧訓 中興より後、累世寵貴ありて、凡そ侯なる者二十九人、東京比《なら》ぶもの莫し。　魏志[12]に曰く、文帝 太后の母父を追封せんと欲するに、尚書の傅嘏 議し、『古より婦人 分土命爵の制無し。秦は古法に違ひ、漢氏は之に因るも、先王の令典に非ざるなり』と。帝曰く、『此の議是なり』と。**【表】**晉の庾亮の公に封ぜらるるを讓るの表[13]に曰く、**二十頁**聖賢の名爵に於けるを觀るに、敬戒之れ甚だ重し、豈に先哲宜しく之を古に重んじて、而して聖朝之を今に輕んず可けんや。譬ふれば猶ほ太陽を廻り、以て湛露を消し、滄海を運び、以て燎火に灌《そそ》ぐがごとし。其の功成り易く、其の事立ち易し。

《注》

（1）史記卷四十九、外戚世家第十九。（2）漢書卷十八、外戚恩澤侯表第六。（3）漢書巻九十七上、外戚傳第六十七上。（4）漢書巻四、文帝紀第四。（5）漢書巻九十七上、外戚傳第六十七上。（6）漢書巻九十八、元后傳第六十八。（7）漢書巻九十七上、外戚傳第六十七上。（8）武英殿聚珍版叢書に收む。（9）武英殿聚珍版叢書に收む。（10）武英殿聚珍版叢書に收む。（11）武英殿聚珍版叢書に收む。（12）三國志巻五、后妃傳。（13）全晉文巻三十六を參看。全晉文は「讓封永昌縣公表」と題す。

二十一頁

婦人封

左傳曰晉*敗*齊*師*齊*侯*遂自徐關入見*保者曰勉之齊師敗矣嬖*子女子曰君免乎曰免*銳司徒免乎曰免矣苟*君與吾父免矣可若何乃奔齊侯以爲有禮既而問之辟司徒之妻也封*之石窌　陳留風俗傳曰封丘者高祖與項氏戰厄於延鄉有翟母者免其難故以延鄉爲封丘縣以封翟母焉　**【表】**　魏陳王曹植謝妻改封表曰璽書今以東阿王妃爲陳王妃幷下印綬因故上前所假印以其拜授書以即日到臣輒奉詔拜*其才質底*下謬同受私遇寵素餐臣爲其首陛下體乾坤育物之德東海含容之大乃復隨例顯封大國光揚章灼非*臣*負薪之才所宜克當非臣穢釁所宜蒙獲夙夜憂歎念報罔極洪施遂隆既榮枝幹猥復正臣妃爲陳妃熠*燿宣朗非妾婦惷愚所當蒙被葵藿草物猶感恩養況臣含氣銜佩*弘惠沒*而後已誠非翰墨屢辭所能報*答*　梁沈約謝母封建昌國太夫人表曰伏見詔書以臣母封爲建昌國太夫人慶溢蓬門榮流素族恭荷屏營罔識攸寘臣稟訓私閨志塗靡立勉以爲義誡有由然輪力致身曾無萬一天慈罔已至德彌光探其私志降此洪澤榮親之至始自微臣率斯道也方流萬物草卉輕命固莫云酬　又爲長城公主謝表曰奉策書封妾爲長城縣公主徽命降臨慙腆妄窴妾膺靈稟氣育景璇闈弱志易淪柔德難樹雖復式脩姆保莫敢或遑而肅雍不著穠華蓋闕不悟宸暉曲漸彝章夙賁籍此恩加遽延典策湯沐光啓珩緄昭被　梁王僧孺爲南平王妃拜改封表曰拜妾爲南平王妃奉命震慙有灼丹寸妾瞻絲望悅且或多慙鏡史觀圖是焉知愧以茲眇薄有儷蕃儀紃組不聞饘酏蓋闕不

《校異》

②「晉敗齊師齊侯」の六字無し。「見」の上に「齊公」の二字有り。「嬖」を「辟女」の二字に作る。「免」の下に「矣曰」の二字有り。

③「苟」の上に「曰」の字有り。「封」を「予」に作る。

⑥「拜」の字無し。「底」を「伍」に作る。

⑦「非臣」の二字無し。

⑧「熠」を「光」に作る。「佩」を「珮」に作る。

⑨「沒」を「歿」に作る。「報答」の二字無し。

二十二頁

《校異》
無し。

1 悟玄造曲被徽渥愈臻改服遞名事華品貴恩深外邸榮照下庭豈期輶弱所能勝荷【奏】宋謝莊爲
2 尚書八座改封郡長公主奏曰臣聞爵厚懿戚國之恆典景祚既新禮與時渥永興等七公主可封郡長
3 公主

婦人封

左傳(1)に曰く、晉 齊師に敗れ、齊侯遂に徐關より入る。保者を見て曰く、『之を勉めよ、齊師敗る』と。嬖子の女子曰く、『君は免れしか』と。曰く、『免る』と。『鋭司徒は免れしか』と。曰く、『免る』と。『苟も君と吾が父と免る。若何《いかん》す可けんや』と。乃ち奔る。齊侯以て禮有りと爲し、既にして之を問ふに、辟司徒の妻なり。之を石窌に封ず。陳留風俗傳(2)に曰く、封丘は、高祖 項氏と戰ひ、延郷に厄《くる》しむも、翟母なる者有り、其の難を免る。故に延郷を以て封丘縣と爲す。以て翟母を封ずるなり。【表】魏の陳王曹植の妻の改封を謝するの表(3)に曰く、璽書に、『今東阿王妃を以て陳王妃と爲し、幷せて印を下し、綬は故に因る。前に假する所の印を上り、以て其れ拜授せよ』と。書 卽日を以て到り、臣輒ち詔を奉りて拜す。其の才質は底下にして、謬《あやま》りて同に私を受くるも、寵に遇ひて素餐し、臣 其の首と爲る。陛下 乾坤育物の德・東海含容の大を體し、乃ち復た例に隨ひて、大國に顯封す。光揚章灼、臣が負薪の才の、宜しく克《よ》く當たるべき所に非ず、臣が穢《わい》釁《きん》の、宜しく蒙獲すべき所に非ず。夙夜憂歎し、報を念ずること極まり罔し。洪施遂に隆く、既に枝幹を榮えしめ、猥《みだ》りに復た臣が妃を正し、陳妃と爲す。熠燿《ゆうよう》宣朗、妾婦が惷愚《しゅんぐ》の、當に蒙被すべき所に非ず。葵藿《きかく》は草物にしてすら、猶ほ恩養に感ず。況や臣の含氣なるをや。銜佩の弘惠、沒して而る後に已む。誠に翰墨屢辭《かんぼくるじ》の、能く報答する所に非ず。　梁の沈約の母の建昌國太夫人の封ぜらるるを謝するの表(4)に曰く、伏して詔書を見るに、臣の母を以て封じて建昌國太夫人と爲す。慶は蓬門に溢れ、榮は素族に流る。恭しく屛營を荷ふも、窴《お》く攸《ところ》を識る罔し。臣 訓を私閨に稟くるも、志塗立つ靡《な》し。勉めて以て義を爲し、誠に由りて然る有り。力を輸《いた》し身を致し、曾《すなわ》ち萬に一無し。天慈已む罔く、至德彌ゝ光《かがや》く。其の私志を探し、此の洪澤を降す。榮親の至、微臣に始まり、斯道に率《したが》ふや、方に萬物に流るるも、草卉《そうき》輕命、固より酬と云う莫し。　又長城公主の爲に謝するの表(5)に曰く、策書を奉ずるに、妾を封じて長城縣公主と爲す。徽命降臨し、慙腆妄賓《ざんてんもうてん》す。妾 靈を膺《う》け氣を稟け、璇閨に育景せらる。弱志は淪《しず》み易く、柔德は樹《た》ち難し。復た式《もっ》て姆保《ぼほ》に脩むと雖も、敢へて遑或《いとまあ》る莫し。而《すなは》ち肅雍著ならず、穠華《じょうか》闕を蓋《おほ》ふ。宸暉《しんき》の曲漸・彛章の夙賁を悟らず、此の恩加に籍り、遽《にわ》かに典策を延く。湯沐光き啓き、珩緄《こうこん》昭被す。　梁の王僧孺の南平王妃の爲に改封を拜するの表(6)に曰く、妾を拜して南平王妃と爲す。命を奉じて震慙し、丹寸を灼《や》く有り。妾 絲を瞻《み》悅を望み、且つ或いは慙づること多し。史に鏡み圖を觀るに、是れ焉ぞ愧を知らん。茲の眇薄《びょうはく》を以て、蕃儀に儷《なら》ぶ有り。紃組《しゅんそ》聞かず、饘酏《せんし》闕を蓋ふ。二十二頁玄造の曲被・徽渥の愈臻を悟らず、服を改め名を遞《か》へ、事は華 品は貴、恩は外邸に深く、榮は下庭を照らす。豈に輶《ゆう》弱の、能く荷ふに勝ふ所ならんや。【奏】宋の謝莊の尙書八座の爲に郡長公主に改封するの奏[7]に曰く、臣聞く、『爵 懿戚に厚きは、國の恆典なり。景祚既に新たなれば、禮は時に渥《あつ》し』と。永興等七公主、郡長公主に封ず可し。

《注》

（1）春秋左氏傳卷十二、成公二年。（2）玉函山房輯佚書續編三種を參看。（3）曹子建集卷八。（4）全梁文卷二十七を參看。（5）全梁文卷二十七を參看。（6）全梁文卷五十一を參看。（7）全宋文卷三十五を參看。全宋文は「爲尚書八座奏改封郡長公主」と題す。

尊賢繼絶封

禮記曰天子存二代之後猶尊賢*尊賢不過二代武王克殷*未及下車而封黃帝之後於薊封帝堯之後於祝封帝舜之後於陳下車而封夏后氏之後於杞殷*之後於宋　左傳曰鄭子產*曰昔虞過*父爲陶*正以服事我先*王先王賴其利器用*與其神明之後也庸以元女太*姬配胡公而封諸陳以備三恪　史記曰高帝過趙問樂毅有後*乎得*樂臣*叔封*之鬵*鄉號*華成君*成君*毅之後也　漢書曰自古受命及中興之君必興滅繼絶脩廢擧逸然後天下歸仁四方之政行焉傳稱武王克殷追存賢聖至乎不及下車世代雖殊其揆一也高祖*撥亂*日不暇給然猶脩祀六國永*聘四皓過魏則寵無忌之墓適趙則封樂毅之後孝*武*嶹咨前代初*得周後復知*爵邑元*成之閒晩得殷世以備賓位　又曰武帝還過*洛陽二*三*代*邈*遠*以*其*三*十*里*地封*周*後*爲周子南君　又曰高*祖*功臣*侯者*子孫驕逸多*陷法禁*訖于孝武*靡有孑遺於*是成帝復紹蕭何而*哀平之世復*曹參周勃之後*　又曰元康四年立靳翕夏侯嬰陳平張良周勃等一百一十八人後紹爵復家也　又漢*武*元狩中復*以酇戶二千四百封蕭*何曾孫慶爲酇侯布告天下令明知朕報以*蕭相國德*慶厚*也　東觀漢記曰高祖功臣蕭曹爲首有傳世不絶之誼曹相國後容城侯無嗣朕甚愍焉望長陵東門見二臣之墓生既有節終不遠身誼臣受寵古今所同遣使者以中牢禱大鴻臚悉求近親宜爲嗣者頃景夙紹封以彰厥功　晉陽秋曰夏侯惇魏之元功勳書竹帛昔庭堅不死猶或悼之況朕受終于魏而可忘其功臣哉其擇惇近屬封之　晉中興書曰泰元二年興滅繼絶後

《校異》

②「賢」の下に「也」の字有り。「殷」の下に「反商」の二字有り。

③「殷」の上に「投」の字有り。「產」の下に「獻捷于晉戎服將事晉人問陳之罪對」の十五字有り。「過」を「閼」に作る。「陶」の上に「周」の字有り。

④「先」の上に「我」の字有り。「用」の下に「也」の字有り。「太」を「大」に作る。

⑤「後」の下に「世」の字有り。「得」を「對曰有」の三字に作る。「臣」の字無し。「封」の上に「高帝」の二字有り。「鬵」を「欒」に作る。「號」の下に「曰」の字有り。「成」の上に「華」の字有り。「君」の下に「欒」の字有り。

⑦「祖」を「帝」に作る。「日」の上に「誅暴庶事草創」の六字有り。「永」を「求」に作る。

⑧「孝」の上に三十四字有り。「武」の下に三十五字有り。「初」の上に「詢問耆老」の四字有り。「知」を「加」に作る。「元」の上に「自是之後宰相畢侯矣」の九字有り。「過」を「至」に作る。「二三代邈遠以其三十里地」の十一字無し。

⑨「封」の上に三十二字有り。「周後」を「嘉」の一字に作る。「高祖」の二字無し。「臣」を「而定封訖十二年」の七字に作る。「者」の下に百五十八字有り。「多」の上に「忘其先祖之艱難」の七字有り。「禁」の下に「隕命亡國或亡子孫」の八字有り。「武」の下に「後元之年」の四字有り。

⑩「於」の上に三百九十六字有り。「而」の字無し。「復」を「增修」の二字に作る。「後」を「屬」に作る。

⑪「漢武」を「武帝」に作る。「復」の下に「下詔御史」の四字有り。「蕭」の字無し。

⑫「以」の字無し。「德」の下に「也」の字有り。「厚」を「則子」の二字に作る。

故陳騫後浩之爲高平公裴秀後球爲鉅鹿公王沈後朴之爲博陵公荀勗後軌爲濟北侯何曾後闡爲朗陵侯羊祜後法興爲鉅平侯　又曰元帝紹封魏後曹勵爲陳留王【表】魏武帝謝襲費亭侯表曰不悟陛下乃尋臣祖父廁豫功臣克定寇逆援立孝順皇帝謂操不忘獲封茅土聖恩明發遠念桑梓日以臣爲忠孝之苗不復量臣才之豐否既勉襲爵邑忝厥祖考復寵上將鈇鉞之任兼領大州萬里之憲內比鼎臣外參二伯身荷兼紱之榮本枝賴無窮之祚也昔大彭輔殷昆吾翼夏功成事就乃備爵錫臣束脩無稱統御無績比荷殊寵策命褒績未盈一時三命交至雙金重紫顯以方任雖不識義庶知所尤

又郭嘉有功臣死宜追贈封表曰臣聞褒忠示寵未必當身念功惟績恩隆後嗣是以楚宗孫叔敖顯封厥子岑彭既沒爵及枝庶誠賢君殷勤於清良聖祖敦篤於明勳也故軍祭酒洧陽亭侯潁川郭嘉立身著行稱成鄉邦與臣參事盡節爲國臣今日所以免戾嘉與其功方將表顯使賞足以報效薄命天隕不終美志上爲陛下悼惜良臣下自毒恨喪失奇佐昔霍去病蚤死孝武爲之咨嗟祭遵不究功業世祖望柩悲慟仁恩降下念發五內今嘉隕命誠足憐傷　梁任昉爲褚蓁代兄襲封表曰一*日*被司徒符印*稱詔二*日*許臣兄賁所請以臣紹*封南康郡公臣世*屬*啓*聖*運*偶*時*來*尚*德*疇*庸*先錫土宇臣賁載*世*承家兄*居*長德而量*己*夙退內事園蔬以臣行達幽明早酷荼苦賁天倫宜至友愛淳深非直引堉推溫故能逃迹讓位鞠育提養以及人次事死讓生尚均脫屣取信十室本若錙*銖*乃遠謬推恩近霑*庸薄能以國讓弘義有歸匹夫難奪守以勿二*昔武始迫家臣之策陵陽感鮑子*之言張以誠請丁爲理屈且*大宗

《校異》

⑪「一日」を「昨」の一字に作る。「印」を「仰」に作る。

⑫「二日」を「旨」の一字に作る。「紹」を「襲」に作る。「世屬啓聖運偶時來尚德疇庸先」の十二字を「門籍勳蔭光」の五字に作る。「載世」を「世載」に作る。

⑬「兄居」を「允膺」に作る。「量己」より「錙銖」に至る六十三字無し。

⑭「乃」の上に「深鑒止足脫屣千乘遂」の九字有り。「霑」を「萃」に作る。

⑮「二」を「貳」に作る。「子」を「生」に作る。「且」の下に「先臣以」の三字有り。

絶緒命臣出纘*傍統稟承在昔理絶終天永懷*情事觸感*崩裂*伏*惟*陛*下俯*權*孤*門*哀*榮*之*重*爰*奪*臣*賁*一*至*之*輕*察其丹款特賜停絶至*公*允*穆*微*臣*剋*幸*　又表曰近冒披款庶蒙哀亮奉被還詔未垂矜允伏讀周遑罔寘心誠臣本凡劣身名不限摽一善不足以驗風流存一讓不足以弘進止若乃富埒千駟貴有邦家二者之來不期而至中人猶其趑趄凡近固宜勉勗直以門緒有歸長德無二若使賁高延陵之風臣忘子臧之節是廢德擧豈曰能賢陛下留心孤門特深追遠故臣窮必呼天憑威咫尺賁嬰疾沈固公私廢禮逢不世之恩遂良己之志確然難奪有理存焉臣旣承先旨出纘傍統受命有資反身何奉叙心感悼免義迫躬誠賁息霽年將志學禮及趨拜且私門世適二三攸序若天眷無已必降殊私乞以臣霽奉膺珪社伏願陛下聖慈曲垂矜愼如蒙哀允施重含育　周庾信功臣不死王事請門襲封表曰臣聞以法施民必傳祀典以勞定國必有承家孫叔敖祭酹無聞有傷良相汝*叔齊胤嗣絶沒實貶賢臣謹案大統十六年格先有封爵死於王事絶嗣者聽以支子繼襲非死王事不許承封前牒五等功臣皆是勤勞王室身當患難扞禦災禍翼贊大猷一日遇疾身捐館舍不幸無胤享祀便絶於禮則不足於義則有傷未求上林之獵已削其侯不服襜褕之衣先除其國伏惟皇帝崇德旌庸興亡繼絶聞鼓鼙而思將帥畫雲臺而念舊臣豈有功存社稷而無後可守事盡忠貞而無祠可祭周於蕃屛爲約事在世功漢以山河爲誓義存長久臣聞存人之國大於救人之災立人之後重於封人之墓竊以殷朝繼及無廢小宗周室興亡貴存身後紹高密者累葉豈專鄧萬*之正胤嗣平陽者重世何必曹參之嫡孫愚謂生有其

二十五頁

《校異》

①「纘」を「纂」に作る。「懷」を「惟」に作る。「感」を「目」に作る。「裂」を「隕」に作る。「伏惟」の二字無し。「陛」の上に二十二字有り。「俯權孤門哀榮之重爰奪臣賁一至之輕」の十六字無し。

②「至公允穆微臣剋幸」の八字無し。

⑨「汝」を「女」に作る。

⑮「萬」を「禹」に作る。

勞死非王事雖在支庶竝聽承襲幸使伯有之魂不能爲厲若敖之鬼其無餒而幽顯對揚人神咫尺

二十六頁

《校異》

なし

尊賢繼絶封

禮記(1)に曰く、天子 二代の後を存するは、猶ほ賢を尊ぶなり。賢を尊ぶは二代に過ぎず。武王 殷に克ち、未だ車を下るに及ばずして黃帝の後を薊《けい》に封じ、帝堯の後を祝に封じ、帝舜の後を陳に封ず。車を下りて夏后氏の後を杞《き》に、殷の後を宋に封ず。　左傳(2)に曰く、鄭の子產曰く、『昔虞過父 陶正と爲り、以て我が先王に服事せり。先王其の器用を利せしと、其の神明の後なるとに賴《よ》りてなり。庸《もち》いて元女太姬を以て胡公に配し、而して諸《これ》を陳に封じ、以て三恪に備へし』と。　史記(3)に曰く、高帝 趙に過《よ》ぎり、『樂毅に後有るか』と問ふ。樂臣叔を得、之を囂鄉《ごうきよう》に封じ、華成君と號す。成君は毅の後なり。　漢書(4)に曰く、古《いにしえ》より受命及び中興の君は、必ず滅を興し絶を繼がしめ、廢を脩め逸を擧ぐ。然る後天下仁に歸し、四方の政《まつりごと》行はれり。武王 殷に克ち、賢聖を追存し、車を下るに及ばざるに至ると傳稱す。世代は殊なると雖も、其の揆は一なり。高祖 亂を撥《おさ》め、日《ひび》給するに暇《いとま》あらず。然れども猶ほ六國を脩祀し、永く四皓《しこう》を聘す。魏に過《よ》ぎれば則ち無忌の墓を寵し、趙に適《よ》ぎれば則ち樂毅の後を封ず。孝武は前代を疇咨《ちゅうし》し、初めて周の後を得、復た爵邑を知る。元・成の閒、晚に殷世を得、以て賓位に備ふ。　又曰く(5)、武帝還りて洛陽に過ぎる。二三代は邈遠《ばくえん》、其の三十里の地を以て、周の後を封じて周子南君と爲す。　又曰く(6)、高祖の功臣の侯なる者、子孫は驕逸、多く法禁に陷《おちい》る。孝武に訖《いた》り、孑《げつ》遺《い》有る靡《な》し。是に於て成帝は復た蕭何を紹《つ》がしめ、而して哀・平の世、曹參・周勃の後を復す。　又曰く(7)、元康四年、靳翕《きんきゅう》・夏侯嬰・陳平・張良・周勃等一百一十八人の後を立て、爵を紹ぎ家を復さしむるなり。又(8)、漢武の元狩中、復た酇《さん》の戶二千四百を以て、蕭何の曾孫慶を封じて酇侯と爲す。天下に布告し、朕が報ゆるに蕭相國を以て、慶に德するの厚《あつき》を明知せしむるなり。　東觀漢記(9)に曰く、高祖の功臣、蕭・曹を首と爲す。傳世不絶の誼《よしみ》有り。曹相國の後、容城侯嗣無し。朕甚だ焉《これ》を愍《いた》む。長陵の東門を望まば、二臣の墓を見る。生きて既に節有り、終りて身を遠くせず。誼臣の寵を受くるは、古今の同じき所。使者を遣はし中牢を以て禱《いの》らしめ、大鴻臚をして悉く近親の宜しく嗣と爲すべき者を求めしめ、景を頃《かたむ》け夙に封を紹ぎ、以て厥の功を彰らかにせしむ。　晉陽秋(10)に曰く、夏侯惇《かこうとん》は、魏の元功、勳は竹帛に書かる。昔庭堅《ていけん》死（祀《まつ》）らざるも、猶ほ之を悼《いた》む或《あ》り。況や朕は終を魏に受け、而るに其の功臣を忘る可けんや。其れ惇の近屬を擇《えら》び之を封ぜよ。　晉中興書(11)に曰く、泰元二年、滅を興し絶の後を繼がしむ。二十四頁故に陳騫の後の浩之を高平公と爲し、裴秀の後の球を鉅鹿公と爲し、王沈の後の朴之を博陵公と爲し、荀勗の後の軌を濟北侯と爲し、何曾の後の闡を朗陵侯と爲し、羊祜の後の法興を鉅平侯と爲さしむ。　又曰く(12)、元帝は魏の後の曹勱を紹封し陳留王と爲す。【表】魏の武帝の費亭侯を襲ぐを謝するの表(13)に曰く、悟らざりき陛下、乃ち臣が祖父の功臣に廁豫《そくよ》するを尋ぬるに、寇逆を克定し、孝順皇帝を援立す。謂《おも》へらく操は忘れず、茅土に封ぜらるるを獲たるを。聖恩明發し、遠く桑梓を念ふ。日《さきに》臣を以て忠孝の苗と爲し、復た臣の才の豐否を量らず。既に爵邑を襲ぐに勉め、厥の祖考に忝《かたじけな》くす。復た上將鈇鉞の任を寵《めぐ》まれ、兼ねて大州萬里の憲を領せらる。内は鼎臣に比し、外は二伯に參す。身は兼紱《けんふつ》の榮を荷ひ、本枝は無窮の祚に頼るなり。昔大彭《たいほう》は殷を輔け、昆吾《こんご》は夏を翼《たす》く。功成り事就《な》り、乃ち爵を備へて臣に錫《たま》ふ。束脩 稱する無く、統御 績無きに、比《このごろ》殊寵を荷ひ、策命もて績を褒《ほ》めらる。未だ一時に盈《み》たざるに、三命交ゝ《こもごも》至り、雙金・重紫、顯《あらわ》すに方任を以てす。義を識らずと雖も、庶《こいねが》はくは尤《とが》むる所を知らん。又郭嘉功有りて臣として死せば宜しく封を追贈すべきの表[11]に曰く、臣聞く、『忠を褒め寵を示すは、未だ必ずしも身に當たらず。功を念ひ績を惟ひ、恩は後嗣に隆《たか》し』と。是《ここ》を以て楚は孫叔敖を宗《そう》とし、厥の子を顯封し、岑彭《しんほう》は既に沒するも、爵は枝庶に及べり。誠に賢君の清良に殷勤に、聖祖の明動に敦篤なるなり。故軍祭酒・洧陽亭侯《いようていこう》、穎川の郭嘉、身を立て行を著し、鄕邦を成《たい》らぐるを稱し、臣と事に參し、節を國の爲にするに盡くす。臣が今日免れ戻《いた》る所以は、嘉 其の功に與《あずか》り、方《まさ》に將に表顯し、足るを賞し以て效に報ひしめんとす。薄命にして天隕《お》ち、美志を終へず。上は陛下の爲に良臣を悼惜《とうせき》し、下は自ら奇佐を喪失するを毒恨《どくこん》す。昔霍去病《かっきょへい》は蚤《つと》に死し、孝武は之が爲に咨嗟す。

祭遵《さいじゅん》は功業を究めず、世祖は柩《ひつぎ》を望みて悲慟す。仁恩は降下し、念《おもい》は五内に發す。今嘉 命を隕《おと》せば、誠に憐傷するに足れり。梁の任昉の褚蓁の爲に兄に代はり封を襲ぐの表[15]に曰く、一日司徒の符印を被る。詔を稱するに、二日臣の兄賁《ひ》の請ふ所を許し、臣を以て南康郡公を紹封せしむ。臣は世《よよ》啓聖に屬し、運りて時の來たるに偶ふ。德を尙《たっと》び庸に疇《むく》ひ、先に土宇を錫ふ。臣賁は載ち世《よよ》家を承け、兄は長德に居る。而も己を量りて夙に退き、内に園蔬を事とす。臣は行《おこない》幽明に達し、早に荼《と》苦に酷《くる》しみ、賁は天倫宜しく至るべく、友愛淳深なるを以て、直《ただ》ちに瘠《せき》を引き溫を推すに非ず。故に能く迹を逃れ位を讓り、鞠育《きくいく》提養し、以て人次に及ぶ。死を事とし生を讓るは、尙ほ脫屣《だっし》に均しく、信を十室に取るは、本より錙銖《ししゅ》の若し。乃ち遠くは推恩を謬《あやま》り、近くは庸薄を霑《うるお》す。能く國を以て讓り、弘義歸する有り。匹夫も奪ひ難く、守るに二《に》勿きを以てす。昔武始は家臣の策に迫られ、陵陽は鮑子の言に感ず。張は誠を以て請ひ、丁は理の爲に屈す。且つ大宗

二十五頁

緒を絶ち、臣に命じて出でて傍統を纘《つ》がしむ。在昔《ざいせき》に稟承《りんしょう》し、理は終天に絶ゆ。永く情事を懷ひ、觸感《しょくかん》崩れ裂く。伏して惟みるに陛下、俯して孤門哀榮の重《おもき》を權《はか》り、爰《ここ》に臣賁一至の輕《かろき》を奪へ。其の丹款《たんかん》を察し、特に停絶を賜へば、至公にして允穆《いんぼく》、微臣は幸に剋《た》ふ。又表[16]に曰く、近ごろ披款《ひかん》を冒《おか》し、哀亮《あいりょう》を蒙らんことを庶《こいねが》ふ。還詔を被るを奉ずるに、未だ矜允《きょういん》を垂れず。伏讀して周遑《しゅうこう》し、心誠を寘《お》く罔《な》し。臣は

本凡劣《ぼんれつ》、身名限らず。一善を摽するも、以て風流を驗するに足らず、一讓を存するも、以て進止を弘むるに足らず。若し乃ち富むこと千駟に埒《ひと》しく、貴きこと邦家有り。二者の來たるや、期ならずして至るは、中人すら猶ほ其れ趑趄《ししょ》す。凡そ近ごろ固より宜しく勉勗すべきに、直《た》だ門緒《もんしょ》歸する有り、長德二無きを以てす。若し賁をして延陵の風を高くし、臣をして子臧の節を忘れしめば、是れ德擧を廢するにて、豈に能く賢なりと曰はんや。陛下は心を孤門に留め、特に深く遠《とおき》を追はる。故に臣は窮すれば必ず呼天《こてん》し、威に憑り咫尺《しせき》す。賁の嬰《えい》は沈《ちん》固（痼《こ》）を疾《や》み、公私に禮を廢す。不世の恩に逢ひ、良己の志を遂ぐ。確然として奪ひ難く、理の焉《ここ》に存する有り。臣は既に先旨を承け、出でて傍統を纘《つ》ぐ。命を受くるに資有り、身を反《かえ》して何をか奉ぜん。心を叙するに悼《いたみ》を感じ、義を免《まぬが》れて躬《み》に迫《せま》らん。誠に賁が息霽《せい》は、年は將に志學ならんとし、禮は趨拜《すうはい》に及ぶ。且つ私門の世適《せいてき》は、二三の序する攸なり。若し天眷已む無くんば、必ず殊私を降さん。乞ふらくは臣霽を以て珪社を奉膺《ほうよう》せしめん。伏して願はくは陛下の聖慈、曲げて矜愼《きょうしん》を垂れよ。如《も》し哀允《あいいん》を蒙らば、施すに含育《がんいく》を重《かさ》ねん。周の庾信の功臣王事に死せざるも門の襲封を請ふの表[17]に曰く、臣聞く、『法を以て民に施せば、必ず祀典を傳へ、勞を以て國を定むれば、必ず承家有り』と。孫叔敖は祭酹《さいらい》聞こゆる無く、良相を傷む有り。汝（女）叔齊は胤嗣絕沒し、實に賢臣を貶《おと》す。謹みて案ずるに大統十六年の格《のり》に、『先に封爵有るも、王事に死して嗣を絕つ者は、支子を以て繼襲するを聽《ゆる》す。王事に死するに非ざれば、承封を許さず』と。前《さき》の牒五等の功臣は、皆是れ王室に勤勞し、身は患難に當たり、災禍を扞禦《かんぎょ》し、大猷を翼贊す。一日疾に遇ひ、身をば館舍に捐て、不幸にして胤無く、享祀は便ち絕えたり。禮に於ては則ち足らざれども、義に於ては則ち傷むこと有り。未だ上林の獵を求めざるに、已に其の侯を削られ、襜褕《せんゆ》の衣を服せざるに、先に其の國を除かる。伏して惟みるに皇帝、德を崇くし庸を旌《あらわ》し、亡を興し絕を繼がしむ。鼓鼙《こへい》を聞きては而《すなわ》ち將帥を思ひ、雲臺に畫きては而ち舊臣を念ふ。豈に功は社稷に存せども後《こう》の守る可き無く、事は忠貞を盡くせども祠の祭る可き無きこと有らんや。周の蕃屏に於て約を爲せしは、事 世功に在ればなり。漢の山河を以て誓と爲せしは、義 長久に存せばなり。臣聞く、『人の國を存するは、人の災を救ふよりも大なり。人の後を立つるは、人の墓を封ずるよりも重し』と。竊《ひそ》かに以《おも》ふに殷朝の繼及は、小宗を廢すること無く、周室の興亡は、身後を存するを貴べばなり。高密を紹ぐ者葉を累《かさ》ぬるは、豈に鄧萬（禹）の正胤を專《もっぱ》らにせんや。平陽を嗣ぐ者世に重んぜらるは、何ぞ必ずしも曹參の嫡孫ならんや。愚謂へらく、『生きては其の【二十六頁】勞有れども、死しては王事に非ざるは、支庶に在りと雖も、竝びに承襲するを聽されよ』と。幸に伯有《はくゆう》の魂をして厲と爲ること能はず、若敖《じゃくごう》の鬼をして其の餒《う》うること無からしめば、而ち幽顯は對揚し、人神は咫尺せん。

《注》

（1）禮記卷八、郊特牲第十一。但し、「武王克殷」以下は、卷十一、樂記第十九。（2）左傳卷十七、襄公二十五年。（3）史記卷八十、樂毅傳第二十。（4）漢書卷十八、外戚恩澤侯表第六。（5）漢書卷六、武帝紀第六。（6）漢書卷十六、高惠高后文功臣表第四。（7）逸文。（8）漢書卷三十九、蕭何傳第九。（9）武英殿聚珍版叢書に收む。（10）逸書考（子史鉤沈）を參看。（11）逸書考（子史鉤沈）を參看。（12）逸書考（子史鉤沈）を參看。（13）全三國文卷一を參看。（14）全三國文卷一を參看。全三國文は「請追贈郭嘉封邑表」と題す。（15）文選卷三十八。文選は「爲褚諮議蓁讓代兄襲封表」と題す。（16）全梁文卷四十二を參看。（17）庾子山集卷八。

あとがき

本書所載巻五十一は、丁度二〇二〇年一月の研究會で讀み終えている。翌二月二十七日、大學より新型コロナウイルス感染擴大に鑑み、學生及び教職員の健康・安全面を第一に考え、各種行事・講座等の諸活動を三月十五日迄原則として中止・又は延期する旨通達が出された。又、別途書類有り、但し書きとして「實施せざるを得ない場合は」指定の書類を提出する等と有ったが、明瞭な「延期できない理由」も存在しないため、翌日に予定されていた研究會は中止し、爾後三月に東京都の外出自粛要請、四月には國の緊急事態宣言を受け、研究會は半年以上の中止を經、十一月からオンライン形式の開催に移行し、今に至っている。

この二年間、中々に參加できぬ先生方もおられ、忸怩たる思いを拭えずに過ごしているが、狀況は一進一退を繰り返し、元の通りには戻り得ぬ實感を深めている。次年度以降はどうにか工夫をして、當班に參加されている先生方に不便を掛けない形を模索したく思う。

又、本書はそれらの先生方の御助力を得て成ったものではあるが、原稿を整理する田中の菲才に因り、瑕疵無きを得ぬ所が有る。碩學博雅の士の御示教・御叱責を伏して請う次第である。

令和四年孟冬

類書文化研究研究班

代表　田中良明

共同研究者指名（五十音順）

芦川敏彦
藏中しのぶ
小塚由博
小林敏男
髙橋睦美
田中良明
中林史朗
成田　守
浜口俊裕
宮瀧交二

嗚呼哀哉、福田俊昭先生御逝去

十二月に入り、福田俊昭先生の訃報に接した。將に時代が過ぎ去って行く思いが、我が腦裏に忽然として沸き起こった。福田先生は、本研究班設立時からのメンバーで、初代主任研究員の遠藤光正先生の御退職を受けて第二代主任研究員と成られ、爾來十三年に渉って研究班を領導運營され、退職後も兼任研究員として論議に參加され、種々御意見を研究班に提示し續けて來られたが、數年前に御體調の問題で退任された。我々研究員一同は、只管早い御本復を願い續けて來たが、遂に十二月五日にその道も閉ざされてしまった。

本研究班の仕事は百年に及ぶ大事業であれば、如何に人生百年とは雖も、人の壽命には自ずから限りが有り、榮枯盛衰は世の習いと知ってはいても、言葉に出來ない深くて重い悲しさに襲われている。昨年十二月には、本研究班への參加を澁った筆者に對し、「俺の代わりだと思ってやれよ」と諭され、機會有る毎に貴重な御意見を賜った進藤英幸先生と幽明道を異にし、一年後の本年十二月に福田俊昭先生の御逝去に接し樣とは、實に一言以て盡し難いものが有る。

今や本班設立時のメンバーで生存する者は、筆者を含めて數人に過ぎず、敢て言えば、我々の殘年も長いもので十年、早ければ數年と言う狀況に在り、共に同じ道を辿る事は明白であるが、それでも福田先生の御逝去を思うと、寂莫たる悲風が蕭々として我が胸中を驅け巡って止まない。

先生との思い出は多々有り諸々思い返してはいるが、今更其れを語った所で、所詮詮無き事である。今は唯穩やかな御冥福を御祈り申し上げると共に、本研究班の完遂は決して諦めず營營として繼續して行く事を御靈前に誓い、お別れの言葉とさせて頂く。合掌。

元第三代主任研究員　現兼任研究員　中　林　史　朗

藝文類聚（巻51）訓讀付索引

令和５年２月20日　印　刷
令和５年２月25日　發　行

本書は大東文化大学「平成三十年度私立大学研究ブランディング事業」研究成果の一部でもある。

著　者　大東文化大學東洋研究所「藝文類聚」研究班
代表　田　中　良　明

發行所　大東文化大學東洋研究所
〒175-8571　東京都板橋區德丸2-19-10
電話　03（5399）7351（代表）

印刷所　株式會社双文社
〒135-0052　東京都江東區潮見2-3-7
電話　03（6666）4747（代表）

頒價　本體3,000圓（稅別）

ISBN　978-4-904626-47-4　C3001

『藝文類聚』（巻51）索引

凡　　例

1　本索引は光緒五年華陽宏達堂刊本を底本とし、關聯する諸書に據って本文を校勘した本書の原文に據って語彙を選んだ。

2　本索引は一字索引ではないが、固有名詞を中心に、かなりそれに近い語彙を選んでおいたが、一句の中に固有名詞が無い場合は、その句のなかで最も重要と思う語を選んで、そのかわりとした。

　参考例　「**コウ**」の項

　　後　　乃封其〇熊繹於楚

3　採錄の方法は、その文字、或いは語を含む前後の句を併せ引いて、その占める位置を明らかにするようにした。

4　見出語の排列は五十音に從って語彙を分類・排列し、まず見出語を擧げ、次にそこの句を引き、後に引用した巻數・頁數・行數を擧げておいた。「51-19-07」は、巻51の原文の19頁の文字列の7行目にあることを意味する。

　参考例　「**シ**」の項

　　姉　皇后〇子霍去病　51-19-07

5　索引語の音は、第１文字目の字音に據って分類し、同音の字が同出した場合は、更にその字畫數に據って分類した。

6　語彙は原則として漢音に據って分類した。

7　索引語の引用文が２ヶ所以上同じ場合は、引用文を１つにして、引用個所をその後に擧げておいた。

　参考例　「**キ**」の項

　　揆　其〇一也　51-09-02

　　　　　　　　　51-23-07

〃	爲○侯	51-19-09
吳漢	○○鄧禹各四縣	51-03-14
吳楚	竇嬰以破○○功	51-19-05
語笑	妄○○	51-15-06
コウ		
公	○侯伯子男	51-01-10
〃	○成封百里	51-02-08
〃	○曰	51-02-15
〃	諸○之地	51-03-06
〃	○執桓圭	51-03-06
〃	○者無人(厶)也	51-04-02
〃	故文比(北)厶(厶)爲○	51-04-02
〃	謂之○	51-04-04
〃	卒違○命	51-18-10
〃	故陳騫後浩之爲高平○	51-24-01
〃	裴秀後球爲鉅鹿○	51-24-01
〃	王沈後朴之爲愽陵○	51-24-01
公卿	○○大夫	51-03-02
公私	○○廢禮	51-25-06
公主	○○列侯	51-06-07
〃〃	女爲○○	51-09-04
〃〃	○○無邑	51-09-04
〃〃	以寧平○○子李雄	51-19-11
〃〃	封妾爲長城縣○○	51-21-12
〃〃	永興等七○○	51-22-02
〃〃	可封郡長○○	51-22-03
公旦	昔周嘉○○	51-13-05
公賓就	東海○○○得其首	51-12-03
功	尊賢上○	51-01-08
〃	然終無尺寸○以得封邑者	51-01-14
〃	羣臣上下之○	51-02-07
〃	三年有○	51-02-08
〃	元士有○者	51-02-08
〃	其位大夫有○	51-02-08
〃	極女工之○	51-02-10
〃	夫斬一將之○	51-02-12
〃	夫斬一將之○者	51-02-13
〃	光武中興論○	51-03-13
〃	以賞其有○	51-03-15
〃	○大者食縣邑	51-03-15
〃	○深微管	51-06-13
〃	文無升堂廟勝之○	51-07-15
〃	以等其○	51-11-02
〃	國○曰○	51-11-02
〃	凡有○者	51-11-02
〃	○有五品	51-11-03
〃	用力曰○	51-11-03
〃	始論○	51-11-11
〃	○既大矣	51-12-02
〃	文帝追思惇○	51-12-04
〃	以○封邵陵侯	51-12-05
〃	大祖以峻○高	51-12-12
〃	夫祿以賞○	51-13-01
〃	同○佐命	51-13-03
〃	○懋懋賞	51-13-06
〃	固以勒○彝鼎	51-13-08
〃	○參盤鼎	51-13-12
〃	今緜能薄○微	51-15-10
〃	臣未有先登陷陣之○	51-15-13
〃	至於○均一匡	51-17-05
〃	貳師尙黜其○	51-17-07
〃	以邀其○	51-17-10
〃	無非常之○	51-17-11
〃	以爲臣之○	51-17-14
〃	考○効實	51-17-14
〃	有○乃	51-17-15
〃	若從王事有○者	51-18-01
〃	子孫有○者	51-18-05
〃	謂先祖○大也	51-18-06
〃	進無匡輔之○	51-18-08
〃	竇嬰以破吳楚○	51-19-06
〃	其○易成	51-20-02
〃	以彰厥○	51-23-14
〃	○成事就	51-24-05
〃	念○惟績	51-24-07
〃	嘉與其○	51-24-09
〃	豈有○存社稷而無後可守	51-25-13
功業	祭遵不究○○	51-24-10
功言	而以○○虛道	51-03-06
功次	勤差量○○輕重	51-02-05
功臣	上封○○	51-02-03
〃〃	未嘗封○○地多而滅者也	51-02-05
〃〃	封大○○	51-03-13
〃〃	及封○○	51-15-09

聖祖	○○敦篤於明勳也	51-24-08
〃〃	而○○可輕之於今耶	51-20-01
聖哲	陛下○○欽明	51-09-08
聖德	陛下之○○	51-18-07
誠	張以○請	51-24-15
誠業	○○摽簡	51-07-04
精魂	○○飛散	51-08-07
誓	山河之○	51-04-07
〃	封爵之○曰	51-11-12
〃	遂班山河之○	51-14-07
〃	漢以山河爲○	51-25-14
齊	太公望封於○	51-01-07
〃	有○者亦必非呂氏也	51-01-08
〃	其後○日以大	51-01-09
〃	是以鄰國交於○	51-02-10
〃	○莊公爲勇爵	51-02-14
〃	立閔爲○王	51-07-09
〃	於是武王封尙父於○營丘	51-11-04
〃	○由此征伐	51-11-05
〃	陳完奔○	51-11-09
〃	乃割○安平以東	51-11-10
〃	始大於○	51-11-11
〃	自擇○三萬戶	51-12-10
〃	封○淮南王舅	51-19-04
〃	晉敗○師	51-21-02
〃	○師敗矣	51-21-02
齊侯	昔○○欲更晏嬰之宅	51-18-09
〃〃	○○遂自徐關入	51-21-02
〃〃	○○以爲有禮	51-21-03
齊國	二十四世而田氏有○○	51-01-09
請	雖量能之○	51-16-06
濟北	荀勗後軌爲○○侯	51-24-01
聲	若響之應○	51-01-13
霽	誠賁息○	51-25-07
〃	乞以臣○奉膺珪社	51-25-08

ゼイ

稅	輸○唐化	51-13-13

セキ

尺	廣○四寸	51-03-11
〃	長一丈六○	51-03-11
〃	高陰百○	51-16-10
尺寸	然終無○○功以得封邑者	51-01-14
石窌	封之○○	51-21-03
赤社	受茲○○	51-07-12
赤綬	而綠車○○	51-16-11
迹	故能逃○讓位	51-24-14
戚	會于○	51-15-02
戚屬	梁國○○	51-16-13
責	臣自知罪深○重	51-08-06
〃	於何逃○	51-17-02
〃	○重山岳	51-17-04
塉	非直引○推溫	51-24-13
碩美	光濟○○	51-09-09
奭	召公○	51-11-06
積兵	率厲五郡○○	51-12-01
績	統御無○	51-24-06
〃	策命褒○	51-24-06
〃	念功惟○	51-24-07
籍甚	風流○○	51-06-12

セツ

接刃	武無摧鋒○○之効	51-07-15
說	終乖小魯之○	51-16-09
節	以戶賦租入爲○	51-02-03
〃	皆以七爲○	51-03-08
〃	皆以五爲○	51-03-09
〃	投○效命	51-12-15
〃	忠亮之○	51-13-03
〃	次守○	51-15-02
〃	下失○	51-15-02
〃	爲君非吾○也	51-15-03
〃	能守○也	51-15-04
〃	有國非吾○也	51-15-04
〃	遠錄先臣扶掖之○	51-18-02
〃	生旣有○	51-23-13
〃	盡○爲國	51-24-09
〃	臣忘子臧之○	51-25-05
〃	聖達○	51-15-02

ゼツ

絕	必興滅繼○	51-23-06
〃	興滅繼○後	51-23-15
〃	興亡繼○	51-25-12

セン

千金	漢購我頭○○邑萬戶	51-11-14
千駟	若乃富埒○○	51-25-03

虜	而○土崩瓦解	51-12-01

リョウ

良己	遂○○之志	51-25-06
良策	○○未決	51-12-11
良相	有傷○○	51-25-09
良臣	上爲陛下悼惜○○	51-24-10
梁國	○○戚屬	51-16-13
陵夷	知○○之可患	51-05-03
陵樹	於是封攸○○亭侯	51-12-09
陵土	且○○未乾	51-17-02
陵陽	後徙封○○侯	51-15-11
〃〃	山峻○○之嶺	51-16-11
〃〃	○○感鮑子之言	51-24-15
量能	雖○○之請	51-16-06
蓼	其以六安安豐陽泉○安風四縣	51-12-02
燎火	以灌○○	51-20-02
獵	未求上林之○	51-25-12

リン

綝	謂○曰	51-15-10
〃	曰○(○曰)	51-15-10
〃	今○能薄功微	51-15-10
臨泗	爲○○侯	51-19-04
臨淮	方建○○之國	51-16-10

ル

屢辭	誠非翰墨○○	51-21-09

ルイ

累	而非建侯之○也	51-05-05
累世	○○寵貴	51-19-14
累葉	○○喁喁	51-17-09

レイ

令識	○○穎悟	51-10-01
令典	非先王之○○也	51-19-15
令聞	夙廣○○	51-07-01
例	乃復隨○	51-21-07
厲	幸使伯有之魂不能爲○	51-26-01
嶺	山峻陵陽之○	51-16-11
隸	臣爲○新	51-02-15
禮	○成之	51-06-06
〃	○隔登獻	51-07-07
〃	雖○有損益	51-09-01
〃	整笏侍升平之○	51-16-05
〃	齊侯以爲有○	51-21-03
〃	○與時遲	51-22-02
〃	公私廢○	51-25-06
〃	○及趨拜	51-25-07
〃	於○則不足	51-25-11
禮儀	車旗衣服○○	51-03-07
〃〃	車旌衣服○○	51-03-09
禮制	將謂吳臣闇於○○	51-09-06
礪	太山如○	51-11-12
靈	與○協契	51-09-08
〃	○謝曰	51-12-13
〃	妾膺○稟氣	51-21-12
靈祚	幸與○○福德	51-14-04
靈祐	皆祖宗之○○	51-18-07

レキ

曆	周過其○	51-09-08
曆紀	恃僭○○	51-13-10
歷年	固辭○○	51-16-03

レツ

列岳	冠冕○○	51-07-03
列侯	皆爲○○	51-02-03
〃〃	通號○○	51-03-13
〃〃	○○皆亦如之	51-03-14
〃〃	○○金印紫綬	51-03-15
〃〃	後更曰○○	51-04-01
〃〃	○○歸國	51-04-01
〃〃	公主○○	51-06-07
〃〃	竊位○○	51-08-01
〃〃	爲○○	51-11-13
〃〃	皆○○	51-11-15 51-12-07
〃〃	素○○	51-12-05
列爵	○○不顯	51-03-04
〃〃	猥荷○○	51-08-02
裂壤	願還慈於○○	51-17-08

レン

連城	何況乃當傳以○○廣土	51-15-08
〃〃	○○食邑	51-17-14
廉	惇弟○及子楙	51-12-05
輦	時但從○	51-17-15

ロ

魯	周公旦封於○	51-01-07